Pedagogie
collana diretta da Isabella Loiodice

Prima edizione ottobre 2017
Seconda ristampa marzo 2021

Progedit – Progetti editoriali srl
Via R. De Cesare, 15 – 70122 Bari
Tel. 0805230627
Fax 0805237648
www.progedit.com
e-mail: info@progedit.com
www.facebook.com/ProgeditEditore

ISBN 978-88-6194-358-2

Finito di stampare nel marzo 2021
presso Creative 3.0 srl
Reggio Calabria – IT
per conto della
Progedit – Progetti editoriali srl

Vito Balzano

Educazione, persona e welfare

Il contributo della pedagogia nello sviluppo delle politiche sociali

Prefazione di Giuseppe Elia

Progedit

La collana "Pedagogie" si rivolge
agli studiosi e ai professionisti
dell'educazione e della formazione
e a quanti siano interessati
a ricercare-ricostruire-intrecciare
i riferimenti teorici con le prassi educative,
nella prospettiva
dell'apprendimento permanente
e del sistema formativo integrato.
Vengono proposti modelli plurali
che mettono in campo risorse materiali
e simboliche, teoretiche e strumentali,
scientifiche e culturali utili a orientarsi
e a orientare le scelte in materia
di educazione e di formazione.
La collana promuove un'idea
di pedagogia come scienza plurale,
critica, antidogmatica, storica, aperta
alle differenze e finalizzata
all'emancipazione dell'uomo
e della donna nella molteplicità dei tempi
e dei luoghi di vita. In tal modo,
la pedagogia si fa "Pedagogie"
recuperando il senso trasformativo
di ogni contesto di esperienza.

Gli autori che vogliono proporre
la pubblicazione di un lavoro
all'interno della collana
lo devono inviare, in formato
elettronico, a progedit@progedit.com
e, in formato cartaceo, all'indirizzo
della casa editrice.
I lavori verranno sottoposti
al Direttore scientifico della collana,
il quale li inoltrerà a due referee esperti
sul tema oggetto dell'opera
che ne daranno una valutazione,
seguendo le modalità proprie
del «doppio cieco».
Tale valutazione sarà inviata
al Direttore scientifico
e all'autore del lavoro.

«...non si deve mai fare dell'esistenza
o dell'essenza dell'uomo globalmente
inteso una posta in gioco nelle
scommesse dell'agire.»
Hans Jonas, *Il principio responsabilità*

PREFAZIONE

di Giuseppe Elia

Il volume di Vito Balzano, dottore di ricerca in Dinamiche formative e educazione alla politica presso l'Ateneo barese, affronta un tema rilevante e complesso circa il rapporto tra le politiche sociali e le politiche educative nella prospettiva di un rinnovamento del welfare state, alla luce dell'attuale crisi economica che ha generato e sta generando l'insorgere di nuove categorie sociali vulnerabili e di maggiori disuguaglianze.

Come scrive l'Autore, oggi diventa necessario, al fine di ripensare anche il concetto stesso di Stato sociale, o meglio è bene provare a stilare una riforma del welfare state che punti, così come è accaduto per altri settori, ai contributi indispensabili della pedagogia sociale, al fine di rendere un nuovo welfare di sostegno reale della persona. Ed è nello statuto epistemologico della pedagogia sociale, come ci ricorda Pati, che al momento della rilevazione di quanto accade nei vari settori di esperienza umana segua l'offerta di possibili vie di cambiamento, sviluppo, progresso, lungo il cammino del permanente perfezionamento personale e sociale. Questo comporta un processo di ripensamento delle politiche sociali sulla scorta degli studi pedagogici che, ponendo al centro la persona umana e i bisogni del cittadino, mirano a costruire una prospettiva di benessere basata sul principio di responsabilità.

Secondo il padre del moderno Welfare e della nozione di Cittadinanza sociale, T.H. Marshall, il Welfare protegge dalle congiunture economiche, assicurando ai cittadini il «diritto universale a un reddito reale indipendentemente dalla posizione di mercato degli individui»[1].

«Il Welfare ripensato come investimento sociale è particolarmente adatto all'educazione, che richiede tempi lunghi, intervalli generazionali, ed è un beneficio pubblico universalmente riconosciuto. Anzi, si può affermare che l'Education, in questa prospettiva, viene ad assumere un ruolo storico del tutto nuovo, come primo pilastro (e non l'ultimo) del moderno sistema di Welfare nelle società occidentali»[2].

[1] T.H. Marshall, *Cittadinanza e classe sociale*, UTET, Torino 1976.

[2] M. Colombo, *Dinamiche sociali e educazione in Italia dopo la crisi del Welfare*, in Atti

La nostra crisi epocale segna i mondi dell'educazione e conduce la riflessione pedagogica sul doppio crinale della necessità di prendere in esame i nuovi bisogni e dell'urgenza di trasformare in sfide educative le novità emergenti dalle criticità.

La solidarietà, esprimendo una socialità naturale per l'essere umano, implica il riconoscimento che, per il proprio sviluppo, il soggetto non può non essere costantemente relazionato agli altri, in vista del raggiungimento di obiettivi che trascendono la mera necessità di sopravvivenza. L'agire solidale permette al singolo di porre in essere una prassi che tenga conto dei benefici che ne conseguiranno per se stesso e per gli altri. La solidarietà è una categoria morale che, com'è noto, si fonda sulla capacità di pratiche volte a prestare il proprio aiuto, o la propria partecipazione emotiva, ai disagi e alle sofferenze di altri esseri umani. Essa è stata riconosciuta come "valore" vincolante anche sul piano delle relazioni e pratiche politiche, che dovrebbero essere orientate non alla difesa del reciproco interesse, ma, data anche la dimensione globale del presente, alla promozione e realizzazione del bene comune, nonché a scelte che estendano il concetto di "bene" alle popolazioni, o gruppi sociali, più svantaggiati. Ciascuno, scrive Piero Bertolini, nei luoghi in cui si trova e nelle funzioni che esercita, «deve sempre di nuovo chiedersi quale possa essere la sua responsabilità politica, che è contemporaneamente responsabilità verso se stessi e verso gli altri».

Come l'Autore pone nella seconda parte del volume, quando esamina il rapporto tra politica, welfare e progettualità educativa, l'urgenza attiene sia l'impegno educativo e politico volto a rimuovere le motivazioni che hanno concorso e concorrono ad allontanare le persone dalla politica, a colmare quel deficit di etica pubblica che nell'immediato passato ha permesso lo spreco di risorse ed energie di ogni tipo, ambientali, economiche e perfino morali, a danno delle generazioni successive, sia l' accoglienza e attenzione per tutti i tentativi messi in atto da molti giovani per ribellarsi alla mancanza del senso di ingiustizia e allo scarso rispetto di quei diritti, come lo studio, il lavoro, il welfare, la sicurezza, in parte meglio garantiti alle generazioni del passato.

Vito Balzano, con questo lavoro attento, meticoloso, coraggioso, dimostra una buona padronanza del sapere pedagogico e individua categorie pedagogiche per la costruzione di una progettualità sociale.

Bari, 31 ottobre 2017

LIII Convegno di Scholè, L'educazione nella crisi del Welfare State, La Scuola, Brescia 2015, p. 40.

INTRODUZIONE

I cambiamenti che hanno coinvolto le politiche sociali negli ultimi decenni della storia contemporanea, e che continuano a caratterizzare i mutamenti in materia, sembrerebbero aver portato l'attenzione degli studiosi del settore sui limiti interpretativi legati all'utilizzo dei tradizionali paradigmi concettuali del Welfare State, ipotizzando inizialmente altre forme di *benessere* alternative all'idea classica e contribuendo, con l'aiuto delle altre discipline umanistiche, a riscrivere il quadro complessivo del settore. L'economia e la *politica*, che in prima istanza rappresentano il punto dal quale muovere per un'analisi sia nella dimensione nazionale sia in quella internazionale, avrebbero influenzato in modo determinante le modalità di riadattamento delle politiche sociali ai nuovi scenari venutisi a presentare. La crisi manifestata dallo *Stato di benessere* alla fine del secolo scorso ha richiesto, a più riprese, un intervento sia di rielaborazione concettuale sia di ristrutturazione pratica e politica dell'apparato economico, del sistema dei servizi e della burocrazia attraverso cui il Welfare State viene a definirsi e attraverso cui esso opera.

Il presente lavoro di ricerca, muovendo da questi assunti di base, vuole affrontare un percorso di riflessione snodandosi da una parte nel panorama di profonda crisi, nel lungo periodo, delle politiche sociali del mondo occidentale, e dall'altra provando a tracciare scenari futuri con l'apporto delle altre discipline umanistiche, in particolar modo della pedagogia. È necessario delineare delle modalità, come vedremo, attraverso cui il Welfare State, e ancor prima la sua idea stessa, muova i suoi primi passi in un percorso di mutamento che interessa non solo la politica, né tanto meno esclusivamente la sfera economica; bensì, ci troveremo di fronte a diversi paradigmi interpretativi che minano lo sviluppo stesso delle politiche di welfare e che trovano una importante rilettura in chiave pedagogica.

Esiste un *problema* di forma, ma anche una questione meramente pratica, di rivalutazione degli strumenti e degli attori in campo che non può essere assolutamente tralasciata. In questo quadro s'inserisce il contributo, che vedremo essere fattivo e sostanziale, della pedagogia come scienza pratica ma anche, e soprattutto, come percorso *progettuale* di riforma. Il volume, in questa linea, si snoda in due parti, che sono le due macroaree di analisi e ricerca. Nella prima parte, di carattere più fondativo, si è cercato di analizzare lo statuto epistemologico della pedagogia, in chiave sociale, per comprendere come l'idea di riforma di Welfare State possa attingere dalle scienze dell'educazione un contributo costruttivo; si è partiti da un problema sostanziale, ovvero riuscire a dimostrare come la pedagogia, e gli assunti classici della stessa, oltre a categorie fondamentali quali la *responsabilità* e la *relazione*, possano divenire fondamento scientifico per una nuova idea di welfare e per quella riforma delle politiche sociali a più voci richiesta. Perché, quindi, si parla oggi più che in passato di pedagogia nelle politiche sociali, muovendo da un'analisi dei modelli educativi e dei significati costitutivi della *pedagogia sociale?*

In prima analisi, com'era necessario, bisognava approfondire il *dato ontologico* della pedagogia e capire se c'era o meno la possibilità di trattare, in chiave popperiana, il problema che riguarda le politiche sociali e il welfare come un *problema pedagogico*. Inoltre, data la interdisciplinarietà del tema, era necessario provare a delineare un punto di vista credibile, trattando solo marginalmente temi e problemi che non riguardano propriamente lo statuto pedagogico ma sono, piuttosto, questioni che richiedono un contributo prettamente sociologico, come l'idea di *cittadinanza* di Marshall e le declinazioni secondo i regimi di Welfare State elaborate da Esping-Andersen, ma che è risultato importante analizzare per comprendere il perché di una simile ricerca, e quali punti di contatto esistono tra la *pedagogia* e le *politiche sociali*.

Per comprendere il perché di questo lavoro bisogna muoversi secondo un percorso che attraversa *diacronicamente* la riflessione pedagogica e sottolinea quelle trame sulle quali si regge il discorso pedagogico intorno al welfare. Lungo la direttrice storica, come già detto, il welfare ha avuto funzioni differenti e caratterizzate da diversi fattori. Il significato si è quindi andato modificando nel tempo in modo molto diversificato a seconda del periodo storico, della corrente di pensiero e delle dinamiche sociali del tempo. Il quadro teorico nel quale si inserisce la pedagogia sociale è quello della pedagogia generale, e con questa condivide appunto l'impianto teorico, e per alcuni aspetti, seppur con una propria autonomia, anche l'oggetto di studio di riferimento secondo alcune precise categorie. A tal proposito risulta necessario ricordare che la pedagogia si costituisce quale sapere che ha come oggetto lo studio dell'uomo (*oggetto materiale*) dal punto di vista della sua *educabilità*, attraverso la relazione interumana (*oggetto formale*) lungo tutto il corso della sua vita (*educazione permanente*). La teoria pedagogica riflette, dunque, una prospettiva pratica sull'educazione, ovvero come *azione da compiere*, che si svolge all'interno di diversi ambiti, dai più tradizionali ai più innovativi e che si impone in senso per così dire gerundivo: azione che *deve essere compiuta* ma anche *azione inevitabile* che, se non viene posta come oggetto di attenzione non per questo non viene compiuta. Ciò per dire che la pedagogia è chiamata a elaborare nuove e più incisive prospettive di teoria dell'educazione che siano in grado di spostare l'attenzione verso prassi costruttive e progettuali che generino iniziative di educazione per le nuove generazioni: l'attuale contesto socio-culturale accresce infatti la necessità di porre la domanda circa cosa dobbiamo e possiamo fare per educare e quali orientamenti l'educazione debba assumere[1].

È scienza poiché, per analogia con i criteri di scientificità tipici delle scienze naturali (oggettività, necessità e universalità), è in grado di produrre una *oggettività* che non si fonda sul suo oggetto ma si realizza attraverso il consenso intersoggettivo fra gli studiosi attorno a un corpo di assiomi comuni. Inoltre, è strutturata in concetti che obbediscono alle regole semantiche e sintattiche della deduzione logica; riesce quindi a mantenere i caratteri di rigore, *predittività* previsionale rispetto all'andamento dei processi educativi, capacità di costante autoarricchimento e riorganizzazione in relazione alle nuove evenienze emergenti nel suo ambito di studio. La pedagogia, infatti, nel momento in cui si propone di raccogliere le sfide educative della società della complessità manifesta immediatamente un carattere, cioè la necessaria *adattività*. Essa cerca, infatti, di delineare orientamenti per l'azione che necessariamente sono radicati nella storia e nella cultura, e che devono rapportarsi alla varie istituzioni e ai differenti ruoli educativi presenti nella società dalla quale essa scaturisce.

Il Welfare, analizzato nel rapporto stretto esistente tra la *persona* e il suo *agire* in società, necessita di una preliminare riflessione di tipo *antropologico-filosofico*. Avere un'antropologia di riferimento quando si affronta

[1] Cfr. G. Elia, *La ricerca pedagogica tra saperi e pratiche educative*, in G. Elia (a cura di), *La complessità del sapere pedagogico tra tradizione e innovazione*, FrancoAngeli, Milano 2015, pp. 68-69.

un tema pedagogico, significa collocarsi all'interno di un orizzonte, oltre che porre un prerequisito che chiarifichi il quadro delle affermazioni, delle scelte e delle posizioni che man mano si manifestano. Infatti, come già precedentemente precisato, esiste uno stretto rapporto tra ciò che sono e ciò che faccio; e il ciò che sono è dipendente molto dalla antropologia di riferimento, se questa esiste. L'uomo, quindi, reclama quell'espansione dei valori della soggettività, l'integrità del proprio sé, libero e autonomo, ormai da tempo, e in particolare questi bisogni, propri della persona, si esprimono oggi come una più sensibile presa di coscienza delle identità individuali, della titolarità nell'attribuire senso ai molti prodotti o forme della scienza, della cultura, dell'economia[2].

Inoltre, l'indiscutibile attinenza esistente tra *persona* e welfare è assunto primario attraverso cui sviluppare una trama di connessioni volte a fondare una politica sociale pedagogicamente connotata che non può non prescindere dal suo autore/attore primo, la persona appunto. Una preliminare riflessione sul termine persona, quindi, è più che auspicabile, oltre che necessaria, affinché sia poi chiaro perché si parla di persona e non di soggetto o individuo: *persona est naturae rationabilis individua substantia* era la "prima" definizione di Severino Boezio il quale proponeva di caratterizzarla per sostanzialità, individualità e razionalità. Welfare è un termine decisamente moderno e mira a definire, accomunato storicamente al termine State, quell'idea di Stato di benessere che è alla base del vivere comune, dei concetti di *rispetto*, *dignità* e *cittadinanza*. In questi passaggi s'inserisce il *problema pedagogico* analizzato nel presente lavoro.

La riflessione pedagogica, nell'ultimo secolo, ha dovuto, per necessità, accostarsi, spesso attraverso una riflessione teorica in parte debole, alle molteplici problematiche educative, della scuola così come dei contesti extrascolastici, sempre più complesse e multidimensionali. Il bisogno di una forte *tensione educativa* per fronteggiare le emergenze del terzo millennio è avvertito in maniera più forte nel post modernismo maturo dove, per dirla con le parole di Bauman, l'uomo smarrisce troppo facilmente la rotta nella ricerca estenuante di una ricetta di vita. Di fronte a una dispersione dell'uomo sempre alla ricerca di un senso oltre il senso stesso della vita, prende forma una *sovra-esigenza* umana dell'avere che sovrasta l'essere. Una frammentazione dei bisogni e degli interessi esistenziali che conduce a una difficoltà, sempre più avvertita,

[2] Cfr. V. Balzano, *Pedagogia e politiche sociali per un nuovo welfare state*, in G. Elia (a cura di), *La complessità del sapere pedagogico tra tradizione e innovazione*, cit., p. 183.

nel voler cogliere una possibile prospettiva unitaria dell'educazione e, di riflesso, un riduzionismo (privo di scopo e di ragioni di senso) della ricerca pedagogica producono un'eclissi dell'educativo, oltre a un impoverimento delle linee prospettiche di ricerca.

Non ultimo, in trattazione nella prima parte del lavoro, esiste oggi un diffuso senso di *precarietà* e di *crisi* che cerca ancore di salvezza nel cambiamento di direzione del (nel) futuro; denuncia come deriva in crescita esponenziale del nostro tempo. Una condizione che sollecita, inevitabilmente, l'interrogarsi su come e in che misura l'educazione, i suoi intenti e i suoi luoghi (formali, non formali e informali) abbiano contribuito, e contribuiscano, a determinare e ridisegnare la fattispecie di uomo-persona cui rimandano e, magari, sul modo *possibile e necessario* di evitarne ogni tipo di degenerazione. Occorre, perciò, pensare a specifiche angolature di approfondimento pedagogico del significato di *scelta responsabile*, con un puntuale riferimento alla *persona* che sviluppa la sua natura fondativa nell'agire responsabile e ne fa espressione della sua umanità attraverso un intenzionale progetto educativo e anche con un'attenta considerazione dei bisogni etico-morali più urgenti che nella connotazione pratica della loro lettura hanno la responsabilità come oggetto di riferimento secondo modalità plurime[3].

In un impianto così definito, con riferimenti evidenti all'epistemologia della pedagogia generale e sociale, s'inserisce la seconda parte del volume che si caratterizza con valutazioni e analisi di esempi storici e di prospettive post moderne di attuazione delle riforme in materia di welfare. In sostanza, si è partiti dall'idea, pedagogicamente caratterizzante, di *persona* per capire se esistono dei punti di contatto con l'idea di welfare e quali scenari futuri poter costruire col contributo storico e con quella *progettualità* propria della pedagogia. Nel tempo, diverse sono state le forme di welfare studiate e messe in pratica, con alcuni passaggi storicamente caratterizzanti quali la creazione della Welfare Community e del Welfare State, l'idea di Welfare Society in stretto rapporto con il Welfare Mix di chiaro impianto europeo. Abbiamo provato a svolgere un'analisi sugli aspetti importanti dell'esperienza anglosassone e di quella scandinava, con sistemi di welfare evoluti che già provavano ad allontanarsi da quell'idea di assistenzialismo spinto, propria del welfare storico in Europa. Su questa riflessione, si è proceduto ad analizzare

[3] Cfr. A. Chionna, *Scelta e responsabilità: le sfide educative del ventunesimo secolo*, in G. Elia (a cura di), *Le sfide sociali dell'educazione*, FrancoAngeli, Milano 2014, p. 50.

alcuni esempi di welfare mirato al *sostegno della persona*, oltrepassando quella antica idea di assistenza del soggetto svantaggiato, recuperando l'esperienza della teoria pedagogica personalista. In particolare, dovendo scegliere un focus preciso di analisi esemplificativa di ciò che il presente lavoro vuole dimostrare, si è analizzato l'esempio Puglia, con la Legge Regionale 10 luglio 2006, numero 19, *Disciplina del sistema integrato dei servizi sociali per la dignità e il benessere delle donne e degli uomini in Puglia*, e le successive linee programmatiche di azione sul territorio, emanate negli anni successivi, fino all'ultimo documento del 2013. Successivamente, con l'alternanza delle *governance* regionali, e con l'avvento di una maggior autonomia amministrativa, le politiche sociali hanno mutato la loro applicazione lasciando alla storia buona parte delle innovazioni messe in campo per un decennio.

In conclusione, il presente lavoro di ricerca vuole aprire una nuova riflessione in tema di politiche sociali, recuperando l'esperienza propria delle scienze umane, e in particolare della pedagogia personalista, aprendo un nuovo filone di ricerca che miri a dimostrare come anche la politica, in quel rapporto stretto con le scienze dell'educazione, possa attingere da queste gli aspetti fondanti di una nuova idea di sostegno del cittadino. Una politica in materia di welfare sempre più minata dalla crisi economica e di valori, non può prescindere più dal contributo fattivo della pedagogia e dall'esperienza della stessa negli anni. L'esempio Puglia, in questo, fornisce una testimonianza pratica. L'*homo civicus* a più riprese richiamato nelle pagine che seguiranno, col contributo di pedagogisti e sociologi, muove appunto da assunti propri della pedagogia in quel continuo tentativo di ricerca del bene comune e del diritto di *cittadinanza* che è essenzialmente insito nell'uomo moderno. La *persona*, pedagogicamente caratterizzata, l'uomo c la sua *dignità* sono problema di lettura e di decifrazione propria della pedagogia, dentro una storia di espressioni risemantizzate sul piano della progettualità pedagogica, ricalibrate in relazione al mutare dei contesti simbolici ed esperienziali e, soprattutto, attraversate dalla ricomposizione nei significati originari delle molte forme empiriche, pragmatiche e utilitaristiche dell'uomo e della sua vita relazionale.

Parte prima
PEDAGOGIA E POLITICHE SOCIALI: SIGNIFICATI E MODELLI

1.
LA DIMENSIONE PEDAGOGICA NELLE POLITICHE SOCIALI

1.1 *Pedagogia sociale e cittadinanza*

L'educazione del genere umano rappresenta da sempre uno dei temi principali della ricerca pedagogica in campo sociale, specialmente se si ripercorrono le varie fasi di studio che da un approccio teologico, con la polemica religiosa del Settecento teorizzata da Gotthold Ephraim Lessing, e analizzata quasi due secoli dopo da Luciano Canfora[1], giunge a esplicitare la singolarità della persona, assunto dal quale muovere il percorso educativo, ma anche il rispetto delle singolarità nel comune cammino della vita.

> Il fine dunque dell'educazione è nel singolo, nel breve suo cammino, è nei singoli, nel breve cammino che ciascuno d'essi percorre nel proprio tempo, il fine medesimo che il genere umano persegue, di generazione in generazione, nell'eterno suo avanzare: è il fine tendente ad attingere il supremo grado di rischiaramento (dell'intelletto) e di purità (del cuore)[2].

Troppo spesso, però, il confine tra scienza e utopia si assottiglia, e questo accade anche nell'idea di perfezione dell'umano che ha Lessing, che è facile paragonare a quella di Rousseau, e che rappresenta ancora oggi un difficile nodo da sciogliere nel campo della ricerca. Infatti, è sempre più evidente che esiste una forte crisi di valori e di bisogni riferiti all'uomo che si ripercuote inevitabilmente nello studio scientifico e nella ricerca pedagogica. L'uomo avverte il bisogno di una forte tensione educativa e l'assuefazione al male di vivere è certamente la più acuta ma non la sola. Esistono numerosi bisogni che hanno creato una crisi profonda nell'uomo; assistiamo a una forma di mutismo elettivo

[1] Per un approfondimento maggiore si rinvia a L. Canfora (a cura di), *L'educazione del genere umano*, Sellerio, Palermo 1997.

[2] Ivi, pp. 132-133.

che provoca una sensazione di appagamento per le menti umane nella quotidiana narrazione, e che porta a quel falso convincimento che ci dice che la parola non deve essere coltivata e promossa dall'uomo ma semplicemente palesarsi nell'accadimento naturale degli eventi.

Quando si parla di socialità come di una tendenza naturale dell'uomo si fa riferimento da un lato alla sua ineliminabile dimensione sociale riconoscendo che egli animale socievole non può fare a meno di vivere insieme con gli altri perché degli altri ha bisogno più o meno a seconda del suo grado di sviluppo fisico o psichico[3].

Si diffonde, così, quel senso di frammentazione dei bisogni, e quindi anche di interessi esistenziali, che provoca una difficoltà sempre maggiore nella costruzione di una prospettiva unitaria dell'educazione; di riflesso, un riduzionismo privo di ragioni di senso. È necessario, perciò, che il bisogno umano sia rappresentato da un'educazione alla responsabilità nella vita quotidiana, che miri a dissuadere quel senso diffuso di precarietà e di crisi che approda sempre più nel futuro. È bene sottolineare come nel rapporto tra pedagogia e politica si sostanzi un disagio esistenziale che «si identifica soprattutto nell'impossibilità e nell'incapacità dell'uomo di porsi in rapporto con gli altri, con il mondo, con la vita, ma anche di interrogarsi, di leggersi dentro, di incontrarsi con la propria affettività, cosicché si diventa sconosciuti a se stessi e agli altri»[4].

Il riferimento alla responsabilità dell'educazione circa la condizione dell'uomo attuale arriva da più fronti e si riversa su più tematiche: una di queste afferisce al concetto di autorità e a quella crisi che già da molto tempo l'ha investita. Fare pedagogia, perciò, comporta il ripensare la formazione della persona in quella congiuntura storico-sociale, prendendo spunto da una chiave interpretativa che mette in evidenza le emergenze di formazioni più ricorrenti nella società della complessità, ovvero quelle interdipendenze economiche e quella cultura mediatica che mirano e tendono sempre più a stereotipare i valori, l'uomo e la sua esistenza; al tempo stesso è necessario individuare dei dispositivi pedagogici che riescano a dare vita a modelli educativi ipotizzati, in grado di misurarsi

[3] P. Bertolini, *La responsabilità educativa. Studi di pedagogia sociale*, il Segnalibro, Torino 1996, p. 14.

[4] G. Elia, A. Rubini, *Educazione e Comunicazione*, in G. Elia (a cura di), *Le forme dell'educazione*, Laterza, Bari 2006, p. 122.

con le singole persone sulla base della loro esperienza vissuta, sugli stili comunicativi e sul pensiero, in modo da poter orientare quel processo di formazione ed educazione verso un orizzonte di umanità.

Il termine persona è tutt'altro che concettualmente univoco e non solo per i mutamenti avvenuti lungo il corso del tempo (la persona come maschera teatrale, come personaggio, come *mea persona*, in Cicerone, come onore-dignità, nella bassa latinità) e per la diversa utilizzazione del termine nell'ambito filosofico, teologico e giuridico, dove la stessa evoluzione del linguaggio comune ha portato a raccordi di somiglianza con altri termini, quali individuo o soggetto, oppure a privilegiare alcune dimensioni dell'umano, quali razionalità, interiorità o libertà[5].

Bisogna, necessariamente, partire da una prospettiva che miri a individuare la pedagogia personalista come base, ovvero quella dimensione teleologica che porta l'essere umano ad andare oltre il contingente per volgersi verso il possibile. Per questo, il compito della pedagogia non va intrapreso esclusivamente sul piano descrittivo e interpretativo del dato reale, ma deve quindi realizzarsi come compito normativo, con la consapevolezza che l'uomo si contraddistingue per quella propensione alla progettazione esistenziale, che si traduce con l'analisi dei possibili cammini di realizzazione personale. Il perché di una teoria personalistica dell'educazione è rintracciabile sicuramente nell'analisi temporale, ovvero in quella che lo stesso Flores d'Arcais definisce *revisione epistemologica.*

La revisione epistemologica compiuta in questi ultimi tempi del sapere scientifico impone, oggi più che mai, di parlare di *Teoria*, piuttosto che di *Dottrina*, con il che non vuole essere certo trascurato quel tanto di sistematico, e dunque di completo, che vi è – e non può non esserci – in qualsiasi sapere che sia, o tenda ad essere, *epistéme*, e non si fermi a livello di *dòxa*[6].

La progettualità, intesa squisitamente come categoria ontologica, ha in sé la capacità umana di elaborare un'immagine e di perseguirla, proiettandola nel tempo e nello spazio[7]. Per poter cogliere la peculiarità

[5] G. Flores d'Arcais (a cura di), *Pedagogie Personalistiche e/o Pedagogia della Persona*, La Scuola, Brescia 1994, p.113.

[6] G. Flores d'Arcais, *Le ragioni di una teoria personalistica della educazione*, La Scuola, Brescia 1987, p. 125.

[7] Cfr. L. Pati, *Pedagogia Sociale. Temi e problemi*, La Scuola, Brescia 2007.

e la specificità della pedagogica, è necessario fare riferimento alla duplice esigenza del diritto all'educazione dei giovani in via di formazione e del compito della cura educativa della generazione adulta, tenendo presente entrambe il riconoscimento della singolarità della persona umana in quanto «il soggetto dell'educazione è sempre un'eccezione, né può diventare regola ad altri, perché è un singolo, il singolo»[8].

Il problema che da sempre caratterizza la pedagogia è l'impossibilità di specializzarsi al pari delle altre scienze. Questo rappresenta un punto fondamentale che è all'origine di ogni dibattito e che, quindi, non permette alla disciplina di rompere l'unità originaria dell'uomo, con l'impossibilità di accompagnarlo lungo il suo percorso di formazione. Proprio in virtù di questo aspetto, ogni atto educativo implica, coinvolge e incorpora una qualche visione del mondo, e dell'uomo nel mondo, che diventa elemento indispensabile per lo studio pedagogico. Fare riferimento a una pedagogia intesa come sapere pratico sposta l'attenzione da una scienza come costruzione di sistemi di saperi, a una scienza in grado di orientare l'azione educativa, al fine di porre in essi processi di cambiamento e di trasformazione dell'agire educativo. «Si tratta di recuperare il valore conoscitivo della razionalità pratica, ovvero la disposizione ad agire bene secondo esperienza. La razionalità pratica non esclude né quella teoretica né quella tecnica, ma si manifesta come un'iniziativa intesa a stabilire a quali condizioni un'azione può portare ai risultati sperati»[9]. Da qui la necessità di un percorso sintonizzato fra *Education* e *Welfare*, che miri a recuperare un diritto fondamentale, quello della *dignità*, che ha avuto negli ultimi decenni uno straordinario successo poiché è solo l'ultima narrazione a disposizione dell'umanità[10].

Esistono diverse forme o modalità di pensiero dell'agire umano che fanno ripensare quindi anche all'agire educativo: ad esempio la razionalità dialettica propria della filosofia del ragionamento; la razionalità retorica che mira al dialogo e a quei procedimenti di persuasione; la razionalità analitica propria delle scienze matematiche; la razionalità pratica che mira alla produzione di servizi e beni. Nella formulazione pratica, la razionalità può essere considerata secondo l'ottica del voler formare una dottrina dell'agire umano, che quindi si lega a una visio-

[8] G. Flores d'Arcais, *Pedagogia*, in G. Flores d'Arcais (a cura di), *Nuovo Dizionario di Pedagogia*, Edizioni Paoline, Cinisello Balsamo 1992, p. 907.

[9] A. Rubini, *Pedagogia e Politica*, Guerini Scientifica, Milano 2010, pp. 29-30.

[10] Cfr. S. Moyon, *The Last Utopia: Human Right in History*, Harvard University Press, Cambridge (MA), 2010.

ne prettamente filosofico-morale, una seconda prospettiva più di tipo educativo, finalizzata a identificare linee guida attraverso le quali l'essere umano sia in grado di agire bene con l'assunzione di responsabilità. È evidente che tutto questo richiede un importante investimento nelle dinamiche relazionali e nell'interscambio sociale. Essere educatore, sul piano pratico, oggi richiede un'importante considerazione: pensare e fare educazione; mira a collegarsi alle molteplici e diverse sfaccettature che implicano un'analisi critica circa le ricadute sul piano teoretico, ma anche su quello pratico, dell'essere educatore.

> L'attenzione alle implicazioni che il rispetto umano esprime con la dimensione politica del vivere comune, chiude l'indice dei dialoghi disciplinari della pedagogia con le discipline che attraversano la questione della dignità e pone un ulteriore spazio di comprensione del vivere intersoggettivo e del riconoscimento reciproco[11].

Risulta evidente, quindi, come sia molto complesso affrontare l'oggetto di studio della ricerca pedagogica non solo per quell'aspetto multidimensionale che ha, ma anche e soprattutto per quella caratterizzazione interdisciplinare che vede nella scienza pedagogica intervenire diverse ricerche, dalla psicologia alla filosofia, alla sociologia, alla politica, all'economia, alla biologia, che risultano in ultima analisi funzionali soltanto in termini di prospettiva: ovvero, permettono di compiere le proprie finalità dando sostanza all'argomentazione scientifica.

La struttura intrinsecamente prescrittiva, propria della pedagogia, rinviene da un certo approccio che non può essere puramente psicologico, o filosofico, o antropologico, poiché oggi questi non sono in grado di poter spiegare a fondo l'evento educativo. Molteplici sono le prospettive di valutazione e interpretazione dell'evento educativo, così come illustra Piero Bertolini nel libro *Ad armi pari. La pedagogia a confronto con le altre scienze sociali*: è necessaria una commistione di saperi che se presi singolarmente non avrebbero ragion d'esserci. L'aspetto prescrittivo, però, mira a fornire piuttosto delle ragioni o dei criteri e non degli schemi rigidi o delle linee vincolanti. Per questo la pedagogia è chiamata non soltanto a un compito di natura descrittivo e interpretativo di quello che accade e dell'esperienza di ogni singolo essere umano, bensì consta di un compito squisitamente normativo che mira

[11] A. Chionna, *Pedagogia della dignità umana. Educazione e percorsi del rispetto*, La Scuola, Brescia 2007, p. 21.

a realizzare nell'uomo la consapevolezza di una progettazione esistenziale. L'approccio teoretico, perciò, entra in stretta correlazione con le varie teorie dell'educazione e, quindi, con l'intero sistema delle scienze dell'educazione. La progettualità, in quanto elemento di consapevolezza scientifica della metodologia dell'educazione, punta a rivisitare non soltanto dei modelli precostituiti, ma anche a usufruire di tutte quelle risorse, strumenti, metodi, dispositivi e congegni che in essa si sviluppano e prendono forma. «Un buon impianto concettuale è indispensabile alla pedagogia; l'orientamento di fondo va esplicitato per evidenziare la corrispondenza tra la gamma teorica delle credenze, l'apparato critico di cui si dispone e le risultanze e le prospettive di specifiche ricerche»[12]. Diventa, perciò, interessante la definizione stessa della pratica educativa e della capacità progettuale della scienza pedagogica che nel tempo, grazie al contributo di alcuni studiosi del settore, è venuta a definirsi: ovvero, scienza pratico-progettuale «intesa come una rivisitazione attenta e consapevole non solo dei modelli di pratica educativa proposti e attuati, ma anche delle risorse, degli strumenti, dei metodi, dei dispositivi, dei congegni in essa sviluppati e che sono disponibili oggi per progettare e attuare un intervento educativo»[13].

Per tali ragioni, si introduce in pedagogia il concetto di valore, inteso come oggetto di studio. Questo rappresenta un dover essere. In realtà è valore tutto ciò che ciascuno desidera in quanto il desiderio racchiude in chi lo esprime un valore positivo. In senso assoluto è valore ciò che viene considerato apprezzabile da tutti, ovvero ciò che ha validità universale. La pedagogia di valori mira ad attribuire all'esistenza un valore, sulla qualità dell'esperienza umana, che non è indipendente dal contesto in cui si vive. Infatti, l'autonomia personale si rafforza se la persona vive in un ambiente sereno in cui vengono apprezzate e valorizzate le proprie caratteristiche. Da questi brevi assunti, nasce l'idea di Cittadinanza, in senso positivo, di vissuto e di parte di un tutto. La persona, in quanto cittadino del mondo, si sente parte integrante dello stesso e lo vive attivamente. Oggi, sempre più spesso, sentiamo riecheggiare i termini cittadinanza attiva, cittadino attivo, proprio perché si tende, sulla scorta dell'esperienza educativa, a riformulare il senso stesso della persona e del suo vivere nella comunità. Cittadinanza che si accompagna,

[12] L. Santelli Beccegato, *Educare non è una cosa semplice. Considerazioni e proposte neo-personalistiche*, La Scuola, Brescia 2009, p. 8.

[13] M. Pellerey, *Educare. Manuale di pedagogia come scienza pratico-progettuale*, LAS, Roma 1999, p. 14.

necessariamente, al termine Partecipazione, tanto in senso politico, quanto in senso pedagogico. Nel tempo i due termini, Cittadinanza e Partecipazione, hanno assunto diversi significati e si sono modellati col passare degli anni e con il progredire della ricerca scientifica. Hanno, però, dovuto fronteggiare un *gap* comunicativo colmabile soltanto con la rilettura della comunicazione quale fondamento pedagogico, se la si intende come un mondo all'interno del quale vi è uno scambio di informazioni intenzionalmente orientato. Questo presuppone un processo partecipativo che vede la persona quale fulcro fondamentale e parte attiva nell'azione intenzionale. Da qui quel senso nuovo di partecipazione che, sulla base dell'intenzionalità, che presuppone un coinvolgimento attivo, mira a ridefinire l'azione politica sulla base della *praxis*, nell'accezione aristotelica di azione come obiettivo finale.

Allo stesso modo la Cittadinanza, oggi sempre più accomunata a termini che già ne identificano una evoluzione positiva, presuppone quella centralità personalistica propria della pedagogia. La persona, infatti, così come accaduto per la partecipazione, e così come in pedagogia accade per la categoria della responsabilità, diventa elemento imprescindibile per una ridefinizione, in chiave pedagogica ma anche e soprattutto sociale, del termine Cittadinanza e delle caratteristiche interdisciplinari che il concetto assume. L'educazione, quindi, elemento essenziale per la definizione di Cittadinanza, riferendosi all'uomo, non può prescindere dall'analisi del pensiero e delle azioni, teoria e prassi, società e individuo, ovvero tutto il micro e macro cosmo. Ciò vale per ogni status sociale che riguarda l'uomo: «Spinoza e Leibniz sono quanto mai esemplari, nell'interpretazione del singolo come modo di essere della sostanza, o nella necessaria postulazione di una armonia prestabilita come condizione per l'accordo nel e del diverso»[14]. Accettazione delle differenze come essenza per la ridefinizione di Cittadinanza e per l'apertura, da parte delle scienze dell'educazione, a una riforma anche politica nel sociale.

1.2 *Politiche assistenzialiste*

Politiche di assistenza, in verità, ve ne sono già da tempi molto lontani. Alcuni studiosi, infatti, fanno riferimento alla distribuzione di cibarie per gente povera nell'antica Roma, o alle forme di sostegno

[14] G. Flores d'Arcais, *Le ragioni di una teoria personalistica*, cit., p. 127.

degli Egizi. Cercando, però, di far riferimento a politiche più vicine ai nostri tempi, sicuramente dovremo partire dalla metà dell'Ottocento per individuare le prime forme di assistenza sociale reale. Gli storici Borzaga e Fazzi, in un volume del 2005 individuano cinque fasi storiche dell'evoluzione in tema di politica assistenziale: fase di sperimentazione, che va dal 1870 fino agli anni Venti del Novecento; fase di consolidamento, anni Trenta e Quaranta; fase di espansione, anni Cinquanta e Sessanta; fase di istituzionalizzazione, anni Sessanta e Settanta; fase di rallentamento, anni Ottanta e Novanta[15]. Certo dalle corporazioni di mutuo soccorso (seconda metà dell'Ottocento) alle forme di assistenza per persone in difficoltà, la strada è stata lunga e ha riservato non pochi ostacoli di natura socio-culturale ma, soprattutto, economica.

Senza soffermarci troppo sui vari passaggi storici, proviamo a riassumere le svolte importanti nella storia delle politiche sociali. Queste, dopo una grande crescita, intorno agli anni Cinquanta e Sessanta del Novecento, hanno vissuto un brusco calo, coincidente con l'aumento della spesa pubblica e con il boom economico degli anni Ottanta. Il quadro non cambia, se guardiamo all'Italia, che seppur prova a porre dei rimedi legislativi a una possibile crisi, perde di vista il lungo periodo, soffermandosi su una riforma che mira a un soddisfacimento rapido, che poi si tradurrà in qualcosa di positivo solo per poco. Facciamo riferimento a quel passaggio al welfare universalistico, introdotto in Italia nel 1978, che ha prodotto molto nel breve periodo, con l'istituzione del Fondo Sanitario Nazionale ma che alla lunga sta pagando dazio, anche a causa della crisi economica che ha caratterizzato, e sta continuando a farlo, il paese dalla fine degli anni Novanta.

La pedagogia, con i suoi studiosi, ha provato a mettere in guardia la politica su più fronti, puntando il dito in special modo sulla questione economica, quale fulcro di comprensione delle cause di una crisi delle politiche sociali. Ma il tutto sembra essere svanito, scontrandosi con quella rigidità scientifica che troppo spesso caratterizza le scienze umane. Certamente non solo la pedagogia deve essere aperta alle altre discipline, e al contributo essenziale che queste le danno; ad esempio, «la politica, la stessa economia, specie in un paese come il nostro, così poco attestato su livelli anche economici convincenti ed equi, hanno o dovrebbero avere, le medesime propensioni ed aperture»[16]. Proviamo a

[15] Cfr. C. Borzaga, L. Fazzi, *Manuale di Politica Sociale*, FrancoAngeli, Milano 2005, p. 56.
[16] P. Bertolini, *La responsabilità educativa*, cit., p. 36.

pensare ai numerosi incastri che esistono tra la pedagogia e la politica, e di conseguenza come la scienza dell'educazione possa influenzare e caratterizzare l'evolversi delle politiche sociali di un paese. Sicuramente il focus d'attenzione, per quel che riguarda la nostra ricerca, deve porre l'accento su una prima fase, che è quella propria del riconoscimento delle singole caratterizzazioni disciplinari e che, nel rispetto di queste, ripensi un rapporto di interscambio interdisciplinare (ma perché no, anche e soprattutto multidisciplinare) tra le scienze umane; seconda fase, sicuramente più interessante per definire il quadro storico delle politiche sociali, riguarda la dimensione economica.

Quest'ultima è certamente necessaria e indispensabile, ma se non viene in un certo senso declinata con fattori socioculturali e persino psicologici, dunque con fattori gestiti prevalentemente in chiave pedagogica, o forse sarebbe meglio dire psico-socio-pedagogica, non offre soluzioni capaci di perdurare nel tempo, né completamente convincenti[17].

Parafrasando Bertolini, quindi, è bene considerare la dimensione economica ma è riduttivo ricondurre le motivazioni dei mutamenti delle politiche sociali di stampo assistenzialista semplicemente a questa.

È pur vero, però, che sempre più nel tempo i governi hanno dato grande peso alla questione economica nella ridefinizione delle politiche sociali, mutando la terminologia utilizzata, con l'idea di arginare una crisi sempre più crescente con misure che avevano una duplice criticità: da un lato guardavano a una soluzione utile solo nel breve periodo, dall'altra parte poggiavano su basi esclusivamente economiche. Ad esempio, l'utilizzo di termini come supporto in sostituzione del più comune aiuto, o come accaduto successivamente con le parole assistenza e sostegno, non hanno lasciato il segno nel breve periodo perché hanno retto su premesse sostanzialmente invariate: ovvero riformare avendo conto esclusivamente delle risorse economiche a disposizione, perdendo evidentemente di vista la chiave sociale del problema. Questo ha prodotto, com'è facile immaginare, delle riforme molto spesso poco calzanti con le necessità del territorio e più vicine alle esigenze economiche; o peggio ancora asservite al politico di turno[18]. In questo passaggio, che viene ripreso ed evidenziato anche dallo stesso Bertolini, è racchiuso il senso del rapporto tra le discipline, pedagogia e politica, e il loro risvolto pratico nella formulazione di riforme assistenzialiste.

[17] Ivi, p. 37.
[18] Cfr. ivi, pp. 36-37.

Altro elemento di crisi delle politiche sociali è rintracciabile nel cambiamento socioculturale che attraversa il paese a distanza anche solo di un decennio. Le esigenze, ad esempio, in Italia necessarie negli anni Venti e Trenta del Novecento, diventano superflue, se non addirittura ampiamente superate, negli anni Cinquanta del secolo scorso dove, invece, il target di persone che necessitano di sostegno è diametralmente cambiato, mutando status sociale e tipologia di bisogno. L'Italia, in questo, va ben precisato, è stata sempre poco intuitiva, andando continuamente a rimorchio rispetto alle riforme europee e all'apertura alle politiche assistenzialiste del Nord Europa, nate principalmente dal boom economico degli anni Settanta e Ottanta del Novecento. Per anni, infatti, si è parlato di welfare norvegese, di assistenza quale dovere morale di uno Stato democratico. Questo, se da un lato ha prodotto degli evidenti benefici alla comunità, di contro ha offuscato la dimensione umana, educativa, della persona, finendo per ridurre il sostegno a un mero gesto meccanico.

La pedagogia, diversamente, sempre per quell'ampio respiro, e per quella idea di progettualità intrinseca, ha operato a favore della persona, rimarcando alcuni degli elementi essenziali della stessa, come ad esempio il concetto di dignità e quello di identità. Proprio la dignità umana, intesa come quella capacità di riconoscere gli altri e se stessi come cittadini del mondo, rispettando e riconoscendo ogni alterità come caratterizzante, ha posto le basi per una nuova rinascita delle politiche sociali di stampo assistenzialistico, ovvero di quella storica idea che da metà Ottocento accompagna l'Europa intera. L'identità, invece, pur seguendo la dignità, in un *continuum significativo* che ha come collante la persona, ha sottolineato l'assoluta singolarità della persona, abbattendo quel concetto di "supremazia dell'uomo sul suo simile", e aprendo al concetto di "ognuno è identificabile secondo una precisa caratterizzazione", che è la sua precisa identità, e che fa di questo una persona unica e rispettabile, diversa da qualsiasi altra persona e così meritevole di rispetto e di riconoscimento, in un mondo dove la dignità e la singolarità di ognuno diventano motivo di caratterizzazione e di unione[19].

La pedagogia sociale, però, sempre più disciplina dalla quale attingere elementi essenziali alla riforma delle politiche sociali, non è stata risparmiata, nel tempo, da quel processo che ha caratterizzato la politica in materia socio assistenzialista: ovvero, i cambiamenti culturali della

[19] Cfr. A. Chionna, *Pedagogia della dignità umana*, cit., pp. 22-23.

società. Chiaro è che essa ha bisogno di apporti mirati. Ma è altrettanto chiaro che una pedagogia sociale costruita a tavolino si delegittima. La pedagogia sociale si costruisce attraverso la grande lezione della ricerca esperienziale. È attraverso l'esperienza diretta, il contatto, la relazione, preliminare a qualsiasi progettazione, che noi riusciamo ad entrare immediatamente nello spirito migliore della pedagogia sociale presa nella sua grande tradizione; aspetto non secondario, questo, e che ancora difficilmente si relaziona con le scienze politiche, ma soprattutto con i politici moderni. La crisi della pedagogia sociale oggi è riconducibile a forti e significative modificazioni sociali che non erano presenti vent'anni fa. Allora non si avvertiva così pienamente quel tipo di esasperazione individualistica che oggi respiriamo ovunque, quel clima di competizione tra attori dello stesso campo sociale. Si è perso di vista il problema, si sta dando corpo a un falso problema, o peggio ancora si scivola nella considerazione del sostegno a chi è diverso da noi. Si è passati a quel processo di stigmatizzazione dell'altro da me. Il tutto, ovviamente, si è prodotto in un processo di categorizzazione che è

> alla base di quello che comunemente è definito *stereotipo*, una rappresentazione mentale del mondo talmente approssimativa da dar luogo a impressioni distorte riguardo a situazioni, emozioni o persone, diventando così, a sua volta, base su cui si strutturano i *pregiudizi*, essi stessi sono dei contenitori convenzionali all'interno dei quali spesso le persone sono forzatamente inserite[20].

Proviamo per un attimo a pensare al rapporto tra le politiche assistenzialiste e la scuola. L'evoluzione legislativa sottolinea, qualora ce ne fosse bisogno, i grandi cambiamenti culturali del paese, ma al tempo stesso evidenzia la necessità di una riforma a tutto tondo, che vada a impegnare più settori, dal lavoro alla formazione, dalla vita privata alla socializzazione, tutto il mondo che ha nella persona il suo fulcro. Oggi, per dirla con le parole di Mounier, la centralità della persona come valore assoluto, è alla base del personalismo pedagogico, e nella sua evoluzione in campo politico ha prodotto, e ci riferiamo al lungo periodo, tralasciando volutamente quanto prodotto nel breve, e le differenziazioni pur importanti tra personalismo cattolico e personalismo laico, una ridefinizione molto poco pedagogica e molto più sociologica[21].

[20] G. Elia, *Questioni di pedagogia speciale*, Progedit, Bari 2012, p. 134.
[21] Cfr. E. Mounier, *Il personalismo*, Garzanti, Milano 1952.

In epoca moderna, le *governance* si sono impegnate nell'istituzione di progetti, quasi sempre finanziati dall'Unione Europea, finalizzati all'attuazione di misure per l'aiuto e l'assistenza a persone bisognose, con difficoltà economiche rilevanti, o problemi sociali di natura familiare, o anche persone con deficit più o meno gravi. Già nei nomi, queste idee, danno il senso di un occhio poco pedagogico e troppo politico-economico. Pensare al supporto tecnologico (immaginiamo i progetti di Vita Indipendente) quale unico mezzo di equiparazione della persona affetta da deficit con un normodotato, significa calpestare anni di studi pedagogici. Accomunare il supporto tecnologico con una vera riforma sociale, ad esempio, (pensiamo alla riforma del welfare in Puglia del 2006) che abbraccia per intero le esigenze della persona con deficit, potrebbe essere una soluzione molto più efficace, senza dispersione economica.

Capita spesso che il vero problema per chi amministra, e deve quindi occuparsi di soggetti che necessitano di sostegno e aiuto, stia nella decentralizzazione dei poteri. Oggi, i comuni gestiscono gran parte delle risorse per il settore sociale, attingendo economicamente dalle regioni in modo non troppo diretto, ovvero tramite progetti finalizzati a una dimensione molto più economica che sociale. Ancora una volta la questione economica, come accaduto per buona parte del Novecento, rischia di connotare negativamente la politica assistenzialista. Per anni si è pensato di aiutare economicamente chi necessitava, segnando parametri familiari ben precisi, pensando di poter risolvere il problema in modo tanto semplice. Così non è stato, e la storia dei nostri giorni ci dà una triste conferma. Infatti, nel tempo i sostentamenti economici hanno prodotto due macro-aree di persone e famiglie: da un lato, coloro che cullandosi sulla retta mensile garantita, hanno pressoché abbandonato completamente l'idea di guadagnarsi una indipendenza economica e risollevarsi anche socialmente; dall'altro, quelle persone che, pur avendo guadagnato una posizione lavorativa, in accordo con i datori di lavoro, hanno preferito lavorare senza gli oneri contributivi, in nero, per non perdere quella retta mensile. In verità, c'è anche una parte di persone che dopo pochi anni ha rinunciato al sostegno economico perché è riuscito a risollevare la propria posizione. Ma si tratta di una percentuale troppo bassa per definire questa manovra un successo.

Il contributo della pedagogia,

già efficace nel mondo del lavoro dove, ad esempio, si stanno radicando quei concetti che la pedagogia del lavoro prima, e la politica economica poi, hanno ribattezzato come "personalizzazione del lavoro" e "umanizzare il lavoro", ovvero partendo da un profilo squisitamente sociale e culturale, cercano di riaffermare il valore umano del lavoro, oltrepassando l'assunto in senso meramente strumentale[22],

oggi diventa necessario al fine di ripensare anche il concetto stesso di Stato sociale, o meglio è bene provare a stilare una riforma del Welfare State che punti, così come accaduto per altri settori, ai contributi indispensabili della pedagogia sociale, al fine di ripensare un nuovo welfare di sostegno reale della persona.

1.3 *Il valore "Persona" nelle politiche sociali*

L'analisi delle manovre politico-amministrative nel settore sociale non sempre viene condotta in modo totale, e spesso ci si sofferma su aspetti poco calzanti. Abbiamo già accennato al problema della dimensione economica e a come questa sia caratterizzante di una certa politica assistenzialista, ma a ben guardare esistono motivi molto più profondi. La necessità per la politica di guadagnarsi un respiro sempre più multidisciplinare, attingendo l'esperienza della psicologia, della filosofia, dell'antropologia, ma soprattutto della pedagogia, risulta essere un indispensabile passaggio verso quella riforma tanto importante per le politiche sociali. Gli esempi storici in materia non mancano, e anche alcuni studiosi, nelle scienze dell'educazione, hanno evidenziato questa necessità. Dalla storia dell'educazione apprendiamo che c'è sempre, nel passaggio tra le generazioni, un salto, una discontinuità che in qualche modo è naturale, che è nelle cose. «I figli contestano i loro padri, e vogliono affermare se stessi come portatori di novità di vita e di significati»[23]; questo passaggio apre una riflessione circa la discontinuità del passaggio transgenerazionale, una frattura rivoluzionaria piuttosto che transazione epocale.

«La bioetica, disciplina volta a elaborare un'adeguata risposta sociale alle nuove possibilità della biomedicina, fonda e articola il senso del rispetto della dignità umana all'interno delle questioni riguardanti la difesa e/o la qualità della vita e dentro alla riflessione critica sulle

[22] G. Elia, *Questioni di pedagogia speciale*, cit., pp. 123-124.

[23] LIII Convegno di Scholé, *L'educazione nella crisi del Welfare State*, La Scuola, Brescia 2015, p. 87.

antinomiche categorie della sacralità della vita e della disponibilità della vita»[24]. Questo è solo un esempio del grande apporto interdisciplinare e multidisciplinare al quale la politica non deve sottrarsi se non vuole ripetere l'errore storico del passato, sia delle politiche sociali dell'epoca dello sviluppo, ovvero nel Dopoguerra, sia di quelle del boom economico degli anni Settanta e Ottanta. In questo, il contributo della pedagogia è indispensabile e quanto mai necessario.

Il percorso di analisi della progettualità educativo-formativa nel sociale deve essere affrontato come una delle questioni ad alta densità speculativa: la dignità umana, rivisitata entro la proiezione di un'educazione che interroga l'uomo nei "luoghi critici" della fatica d'essere titolare della sua libertà, partendo dall'analisi delle contraddizioni del nostro tempo che, se pur riconoscono il ruolo primario della dignità nella vita sociale, riconducono l'uomo a oggetto sociale, scientifico e biologico, in situazioni che riducono l'area etico-morale di intoccabilità della dignità. La proposta pedagogica si concentra sul recupero di nuovi indirizzi antropologici guidati dalla categoria della relazionalità, si sviluppa come sfida educativa attenta al "diritto umano della vita degna" e propone in special modo l'urgenza di ricomporre i rapporti con l'altro, la promozione di legami sociali, la mediazione fra esercizio della giustizia e sentimento di sollecitudine[25].

La pedagogia, quindi, come motore per una nuova rinascita delle politiche in materia sociale, deve però porre necessariamente dei tasselli indissolubili, così come evidenziare il vero collante che esiste, anche trasversalmente, tra le diverse discipline delle scienze umane. Il chiaro riferimento è alla persona, quale elemento indissolubile di unione tra la politica e la pedagogia, nel settore delle riforme sociali, e le categorie pedagogiche quali ad esempio il tempo, la responsabilità, la partecipazione, la relazionalità, che dalla cultura pedagogica diventano base di partenza per una rinascita dello Stato sociale. La priorità va quindi data al senso della vita umana, che non può essere mai mezzo dell'agire umano perché è *fine* che rivendica «il diritto alla *massima* dignità»[26], e all'idea di «persona assunta come risorsa per interpretare le esigenze del rispetto per la dignità umana nello specifico contesto storico»[27].

[24] A. Chionna, *Pedagogia della dignità umana*, cit., p. 17.

[25] Per un approfondimento si rinvia a A. Chionna, *Pedagogia della dignità umana*, cit.

[26] C. Vigna, *Sulla dignità della vita umana*, in P. Cattorini, E. D'Orazio, V. Pocar, *Bioetiche in dialogo*, Zadig, Milano 1999, p. 10.

[27] A. Chionna, *Pedagogia della dignità umana*, cit., p. 18.

Il punto di avvio della riflessione è rintracciato nella persona, di cui si riconosce l'ontologica valorialità, espressa e manifestata all'interno di una contestualità storico-sociale. La persona cui si fa riferimento è singolare identità, totalità e unità indivisa, cresce nella relazione con l'altro e coltiva in sé la dimensione della trascendenza, è valore irrinunciabile che, proprio in quanto tale, afferma ed esercita il diritto a essere. La pedagogia personalistica

> ritiene di poter pervenire a quell'incontro interpersonale in cui la partecipazione tende alla comunione, la coesistenza alla convivenza, e il potenziale contrasto si conclude nell'amicizia. È una pedagogia che superando, con altri dualismi, anche quello tra dovere e potere, tra legge e libertà, ritiene di individuare nel diritto alla vita, garante esso stesso della singolarità della persona, il principio fondamentale dell'essere di ciascuno e di tutti i diritti che via via l'esistenza storica dell'umanità è in condizione di individuare, di giustificare, anche ai fini della reciproca tutela[28].

Il percorso di ricerca della pedagogia, svolto attraverso una metodologia critico-ermeneutica, progetta percorsi educativi che sostengono la dignità attraverso il rispetto e l'integrazione del noi, la libertà e la pluralità dei vissuti, la responsabilità del pensare e dell'agire, la reciprocità e i vincoli di solidarietà. A ciò si accompagna un'ipotesi di progettualità nella quale assumono rilevanza l'attenzione all'identità e alla differenza, al valore della vita, al giusto e all'equo, alla via affettiva del sentire e consentire, in quanto aspetti educativi dei quali si coglie un rinnovato bisogno nella nostra epoca e nell'ipotesi di una diversa mappa dell'agire educativo, oltre la ragione tecnico-strumentale, nella riscoperta di quelle aree di senso e reti di significati alle quali riferire prassi educative non impostate riduttivamente. Un contributo, sostanzialmente, indispensabile per le politiche sociali, e che caratterizza le stesse da un punto di vista prettamente pedagogico.

Vi è, in realtà, un «orizzonte pedagogico»[29] nel quale, secondo una metodologia di tipo critico-ermeneutica, i molti percorsi di approfondimento delle tematiche afferenti alla dignità accedono al campo dell'educazione e dentro tale campo si ricompongono con un più attenuato

[28] G. Flores d'Arcais, *Personalismo pedagogico o pedagogia della persona?*, in G. Flores d'Arcais (a cura di), *Pedagogie personalistiche e/o pedagogia della persona*, cit., p. 140.

[29] Cfr. G. Flores d'Arcais, *Orizzonti della pedagogia*, Giardini Editori e Stampatori, Pisa 1989, p. 118.

tasso di ambiguità e di incertezze; ovvero, come senso unitario di attenzione all'uomo e al suo processo di miglioramento. «L'attenzione alle implicazioni che il rispetto umano esprime con la *dimensione politica* del vivere comune, chiude l'indice dei dialoghi disciplinari della pedagogia con le discipline che attraversano la questione della dignità e pone un ulteriore spazio di comprensione del vivere intersoggettivo e del riconoscimento reciproco»[30]. La pedagogia, pur considerando le difficoltà che storicamente attraversano la politica, non deve trascurare il senso e il valore che essa può avere in tutte le situazioni di sostegno alla dignità, non rimanendo chiusa in se stessa, ma condividendo orizzonti e prospettive di attenzione all'uomo e alla sua esistenza. Pedagogia e politica esprimono un uguale modo del pensare epistemologico, perché ambedue sono orientate a costruire nel tempo e nella storia proposte e interpretazioni della realizzazione dei propri fini. Tanto la pedagogia quanto la politica, ciascuna con il suo ambito specifico di intervento, trovano un comune interesse riguardo alla dimensione esperienziale dell'uomo e all'interpretazione dei problemi della convivenza[31].

Di qui la possibilità per la pedagogia di incontrare l'istanza più propria della politica e, per dirla con le parole di Bertolini, «la sua ragione ontologica»[32], ovvero quella capacità di organizzare la prassi comunitaria in direzione intersoggettiva e secondo una progettualità non meramente funzionale al presente perché orientata a dare senso al vivere comune e insieme operare per escludere fenomeni degenerativi di assimilazione, di perdita dell'autonomia, di misconoscimento della qualità delle relazioni.

Pedagogia e politica, consapevoli dei propri ambiti, delle proprie specificità e della propria autonomia, ma non chiuse in se stesse, possono, con i loro percorsi di ricerca, unire i propri sforzi per perseguire l'autenticamente umano, lontano da forme di mero individualismo, fautore di domande di senso sul vivere comune e predisposto al coinvolgimento diretto nelle questioni della vita politica in ogni contesto, sia esso pubblico che privato, e in ogni tipo di relazioni brevi, quelle che orientano la pedagogia, e dunque, quelle che orientano la politica[33].

[30] A. Chionna, *Pedagogia della dignità umana*, cit., p. 22.

[31] Cfr. ivi, pp. 22-23.

[32] P. Bertolini, *Ad armi pari. La pedagogia a confronto con le altre scienze sociali*, UTET, Torino 2005, p. 305.

[33] G. Elia, *Prospettive di ricerca pedagogica*, Progedit, Bari 2016, p. 101.

È importante, inoltre, sottolineare l'assoluta stretta relazione che esiste tra crisi dello Stato sociale (Welfare State) e crisi delle politiche sociali, specialmente quando queste, condotte da amministratori poco attenti, hanno raggiunto obiettivi troppo poco calzanti alle direttive delle scienze dell'educazione. In questo, grande importanza è data all'uomo e al suo essere labile nel mondo. Anche nel tempo della maggiore curvatura culturalistica del ripensare l'uomo, e quindi della dominanza delle letture sociologiche, scientifiche e sperimentali del suo corpo e delle sue funzioni, «la pedagogia personalistica pone forte la discriminante rispetto a un'educazione che si limiti a vedere l'uomo come un prodotto storico e come risposta a bisogni/interessi e a motivazioni che vanno dalla sopravvivenza all'effimero, dal necessario al superfluo, dal "funzionale" al "simbolico"»[34]. Il progetto di riportare attenzione pedagogica-educativa alla dignità, in un quadro tanto complesso, assume il senso di sfida dei diversi tentativi di ridurre la complessità umana a schemi biologici e storici che minano l'evoluzione dello stesso. A tal proposito è bene ricordare le parole di Acone, che in riferimento ai numerosi registri dell'umano, ne definisce la complessità: «l'uomo è organo a molte canne»[35]. Infatti, di tutta l'educazione, questi ne acquisisce sicuramente la grandezza, ma anche tutti i limiti umani e i rischi dell'attualità, che la sola consapevolezza contribuisce a quel processo di non riduzione del concetto di dignità.

Quanto su detto, contribuisce fortemente alla definizione delle politiche sociali da un punto di vista pedagogico e ne conferma la caratterizzazione imprescindibile che le scienze dell'educazione hanno, nel rispetto della disciplina politica. È con questo riconoscimento che si attribuisce alla persona la titolarità dell'umano, anche perché pensiamo alla stessa persona come chiave di ricerca della difficile sapienza con cui ricomporre nuove dimensioni e forme di rispetto e di piena manifestazione dell'umano. È chiaro, quindi, il riferimento al diritto d'essere uomo che l'educazione rafforza nel pensare, nell'agire e nello sperare di ciascuno, non privandolo delle personali biografie, avvalorando e sostenendo il diritto di ciascuno d'essere principio generativo della propria biografia o, come direbbe Paul Ricœur del proprio sé narrante[36]. Il rispetto della singo-

[34] A. Chionna, *Pedagogia della dignità umana*, cit., p. 27.

[35] G. Acone, *Antropologia dell'educazione*, La Scuola, Brescia 1997, p. 131, in A. Chionna, *Pedagogia della dignità umana*, cit., p. 27.

[36] Cfr. P. Ricoeur, *Percorsi del riconoscimento*, trad. it., Raffaello Cortina Editore, Milano 2005.

lare identità, caratteristica dell'umano io, è diritto fondamentale e presupposto imprescindibile per la ridefinizione della persona, in chiave pedagogica, ma anche e soprattutto per dare fondamento alla cultura politica, in ambito sociale, e per avviare quel processo di riforma dello Stato sociale necessario oggi.

La dignità, che è al tempo stesso risorsa, esigenza, ma anche problematicità delle scienze dell'educazione, guarda al futuro sull'esperienza passata: una dignità che è forza della persona, rischia di essere elemento di fragilità, quando l'uomo l'affida ad altri, alla natura, alla tecnica; ovvero, una dignità sempre in invenzione. La *paideia*, intesa come connessione solida tra società, cultura, etica e educazione, c'è sempre anche quando non si riesce a rintracciare o si sceglie di non rintracciarla perché si crede che essa non possa «mettere in gioco un'idea generale dell'uomo, della condizione umana e dell'umanesimo possibile»[37].

La stessa complessità dell'uomo è una conferma dei problemi relazionali nell'evoluzione dell'umano. «L'uomo "educato" a vivere nella complessità è perciò quello che sa orientarsi nelle reti di conoscenze e di rapporti, sa dar loro un ordine e gestirle, sa familiarizzare con la provvisorietà delle soluzioni ed è disposto al cambiamento, sa di volta in volta mettere in campo progetti non definitivi, ma funzionali alla soluzione di progetti specifici»[38].

La pedagogia, però, rivendica una propria caratterizzazione e specificità che troppo spesso le altre scienze umane mettono in dubbio o, cosa ancor più grave, se ne appropriano rivendicandola come proprio oggetto di studio. Come ricorda Chiosso,

> per cogliere la specificità e l'autonomia della pedagogia occorre spostarsi su un altro piano e, precisamente, sul piano di un sapere in grado di rispondere alla duplice esigenza del diritto all'educazione della generazione giovane e del compito della cura educativa della generazione adulta, l'una e l'altra accomunate dal riconoscimento della singolarità della persona umana[39].

Quindi, la pedagogia, ovvero quel sapere pratico che studia e progetta il prender forma, non può prescindere da quella definizione di

[37] G. Acone, *La paideia introvabile. Lo sguardo pedagogico sulla post-modernità*, La Scuola, Brescia 2004, p. 7.

[38] G. Chiosso, *Elementi di Pedagogia. L'evento educativo tra necessità e possibilità*, La Scuola, Brescia 2002, p. 12.

[39] Ivi, p. 30.

singolarità dell'umano, così come ricorda Flores d'Arcais: «il soggetto dell'educazione è sempre un'eccezione, né mai può diventare regola ad altri, perché è un singolo, il singolo»[40].

Il singolo, l'identità, la dignità, vivono continui mutamenti dovuti allo scorrere del tempo e agli stravolgimenti socioculturali che caratterizzano la vita umana. «I cambiamenti nelle cose non sono estranei alle attività di una persona e la carriera e il benessere della persona sono legati al movimento delle persone e delle cose. Interesse e preoccupazione significano che la persona e il mondo sono impegnati fra loro in una situazione che si va sviluppando»[41].

Questo aspetto rappresenta la variabile da considerare nel processo che porta la pedagogia a porre le basi di una nuova riforma dello Stato sociale, in linea con quel rapporto stretto che esiste tra le scienze dell'educazione e la politica, e sulla scorta dell'esperienza suggerita dal dato storico in materia di politiche sociali pedagogicamente caratterizzate.

[40] G. Flores d'Arcais, *Pedagogia*, in G. Flores d'Arcais (a cura di), *Nuovo Dizionario di Pedagogia*, cit., p. 909.

[41] J. Dewey, *Democracy and Education* (1910), trad. it. E. Enriquez Agnoletti, P. Paudano, *Democrazia e educazione*, La Nuova Italia, Firenze 1992, p. 69.

2.
MODELLI EDUCATIVI NELLA PEDAGOGIA SOCIALE

2.1 *Categorie pedagogiche per la costruzione di una progettualità sociale*

La ricerca Pedagogica in ambito sociale si configura sempre più spesso secondo un percorso che deve necessariamente fondarsi sulla costruzione di una progettualità, assunto imprescindibile delle scienze dell'educazione. È altresì importante attivare un processo di conoscenza della realtà della persona e del suo vivere nel modo, nei rapporti interpersonali che si generano nella vita di comunità. Come afferma Paulo Freire è importante, in un lavoro che vede coinvolto il popolo quale elemento di ricerca metodologica, esercitare un atteggiamento critico nei riguardi della realtà, affinché essa possa cominciare «a essere considerata sempre più rigorosamente come oggetto di conoscenza nell'analisi dell'azione che la trasforma agendo su di essa»[1]. Quindi, non solo un aspetto meramente formale ma anche, e soprattutto, un'attività pratica quale oggetto di studio fondamentale nella comprensione del metodo e del percorso di costruzione di una progettualità sociale mirata a definire quali punti di contatto esistono tra la Pedagogia e le scienze sociali, e il contributo essenziale che l'educazione può dare alla ricerca in tema di politiche sociali.

Abbiamo analizzato alcuni aspetti fondativi della categoria della responsabilità in pedagogia e come questa apra scenari di discussione su temi che caratterizzano la persona, dal concetto di identità personale come forma di costruzione del cittadino nel mondo, e dei diritti che caratterizzano l'uomo, giungendo, sostanzialmente, all'idea che la teoria della responsabilità sia la base fondativa della formazione della futura natura umana.

[1] P. Freire, *Pedagogia in Cammino*, trad. it. a cura di L. Bimbi, Arnoldo Mondadori, Milano 1979, p. 44. Per ulteriori approfondimenti sul pensiero di Freire si rinvia, tra gli altri, a G. Elia, *P. Freire: una scelta per l'utopia*, Adda, Bari 1983.

Il riconoscimento di un dover essere a favore dell'essere non implica naturalmente dal punto di vista etico che il singolo deva in ogni caso decidere per la propria sopravvivenza contro una morte possibile o sicura, che deva cioè aggrapparsi alla vita. Il sacrificio della propria esistenza per la salvezza altrui, per la patria, per una causa dell'umanità è un'opzione per l'essere e non per il non essere[2].

La mutata natura dell'agire umano, caratterizzata essenzialmente dall'etica tradizionale, richiama l'attenzione a un nuovo ruolo del sapere nella morale. Infatti, come ricorda Hans Jonas, il sapere diventa un dovere impellente che corrisponde alla dimensione causale del nostro agire. Un agire responsabile, dunque, che racchiuda al proprio interno gli assunti di riferimento della definizione di persona, di identità e di singolarità.

L'umanità, grazie alla scienza e alla tecnica, è unita per il peggio, senza che lo sia ancora per il meglio. Gli uomini, in tutto il mondo, hanno imparato la tecnica della reciproca distribuzione e non quella, molto più plausibile, della cooperazione mondiale [...] ogni progresso della conoscenza e della tecnica rende maggiormente necessaria la saggezza; la nostra epoca ha superato tutte le altre per quanto riguarda la conoscenza, ma non ha beneficiato di un progresso equivalente per quanto concerne la saggezza[3].

La progettualità, però, non si esaurisce soltanto nella costruzione del cittadino responsabile, e quindi in tutto quell'insieme di definizioni che mirano al riconoscimento di sé stessi dapprima, nel rispetto della propria identità, e dell'altrui singola identità poi, in un assunto che fa del rispetto l'elemento fondante. Ricordiamo, infatti, a tal proposito il concetto di relazione educativa, essenziale nel riconoscimento pedagogico scolastico ma che, ovviamente, diventa sempre più importante nella ridefinizione dei rapporti sociali. La progettualità è categoria ontologica, ricorda Luigi Pati nel sottolineare la capacità squisitamente umana di elaborare un'immagine di sé e di perseguirla proiettandola nel tempo e nello spazio, e all'uomo appartiene costitutivamente quella «sete di ricerca» che conduce al permanente divenire e al cammino continuo verso il pieno significato del vivere[4].

[2] H. Jonas, *Il principio di responsabilità. Un'etica per la civiltà tecnologica*, a cura di P.P. Portinaro, Einaudi, Torino 1990, p. 59.

[3] B. Russell, citato da F. Mayor Zaragoza, *Una nuova prospettiva etica*, in "Il corriere Unesco", luglio 1988, p. 4.

[4] Cfr. L. Pati, *Progettare la vita. Itinerari di educazione al matrimonio e alla famiglia*, La Scuola, Brescia 2004, pp. 13-41.

La relazione educativa, in sostanza, è quell'insieme di rapporti sociali che si stabiliscono tra l'educatore e coloro che questi educa, con l'obiettivo di proiettarsi verso fini educativi, in una data circostanza. È chiaro che si tratta di rapporti che possiedono delle caratteristiche cognitive e affettive identificabili, e che possono realizzarsi nelle più svariate situazioni. Educatore e educando entrano in relazione costruendo l'oggetto della pedagogia, in un rapporto che rappresenta il fulcro dello studio della disciplina, ovviamente con funzioni differenti: l'uno con quello di educare, d'insegnare, di condurre verso cambiamenti volti al raggiungimento di un maggior benessere, l'altro con l'obiettivo di apprendere e sperimentare situazioni nuove. Nel processo educativo, perciò, avremo differenze di ruolo, di funzioni e di compiti assegnati a educatore e educando, e questo risulterà fondamentale in quel processo che mira a delineare la capacità di impedire che l'avere abbia la meglio sull'essere, ossia che l'essere venga in qualche modo alienato nell'avere, in una società come la nostra che, ricorda Norberto Galli, ha molto da offrire ai giovani in termini di beni economici, strumentali e tecnologici, mentre in termini educativi si scopre sempre meno accattivante e incapace di contrastare l'indifferenza al bene e al male[5].

La relazione educativa si connota come relazione d'aiuto, all'interno della quale non è eccezionale incontrare il tassello più debole, cioè l'educando, con la difficoltà di coniugare autonomia e capacità di dipendere da altri, che sono i due poli sui quali si struttura ogni rapporto, in stretta correlazione con l'asimmetria della relazione educativa; proprio nella consapevolezza di questa asimmetria, da parte dell'educatore, deve essere presente l'impegno al massimo coinvolgimento possibile "dell'altro" nell'attuazione di quell'intenzionale progetto di cambiamento attraverso il quale si punta alla piena integrazione di colui che si presenta con lo stigma della "diversità". L'educatore dovrà, di contro, operare per condurre l'educando in un rapporto di equilibrio tra quelle che sono le spinte determinate dall'iniziativa che la persona tende a esprimere e la consapevole accettazione del controllo che all'interno di un processo educativo si attua sempre. Per raggiungere tale obiettivo diventa fondamentale la capacità dell'educando di strutturare una buona fiducia in sé stesso e nelle proprie abilità, arrivando progressivamente a riconoscere i propri punti di forza e i propri limiti. Da qui

[5] Cfr. N. Galli, *Il coraggio di crescere in una società 'eticamente neutra'*, in "Pedagogia e Vita", n. 2, 2001, p. 9.

scaturisce, quindi, la necessità di una pedagogia che sappia confrontarsi con le problematicità di un impegno concreto sul campo e con la contemporanea presenza della dimensione negoziale e di confronto ermeneutico sulla scena dell'educazione permanente, così come individuato da Fabbri e Munari i quali indicano la valenza politica dell'interpretazione e dell'attribuzione di senso al mondo, ovvero quello che loro stessi chiamano «il potere inevitabilmente "rivoluzionario"» che l'esercizio effettivo dell'ermeneutica detiene: ne deriva, secondo gli Autori, la necessità di mantenere alta l'attenzione verso le precise strategie istituzionali e i tentativi tuttora frequenti di contenere la diffusione della pratica ermeneutica in ambito sociale[6].

Nel contesto extrascolastico, invece, dove i contenuti dell'apprendimento sono per lo più relativi alla dimensione affettiva e alla rappresentazione del sé, è centrale per l'educatore possedere le cosiddette competenze relazionali; la relazione, infatti, è meno mediata dalle caratteristiche istituzionali e l'educatore ha a che fare con la persona nella sua globalità cognitiva, emotiva e relazionale. Il lavoro con soggetti in situazioni di disagio, con bisogni educativi speciali, risulta essere faticoso e impegnativo, sia concretamente che da un punto di vista emozionale, tanto da richiedere all'operatore di fronteggiare forti situazioni emotive che lo possono mettere in difficoltà se non affrontate in modo consapevole. Diventa importante, allora, che egli sappia mettersi in relazione, oltre che con l'educando, anche con i propri bisogni, le proprie reazioni emotive e le proprie incertezze. «Il nostro affrancamento della modalità esistenziale dell'avere è possibile solo a patto che si attui la piena partecipazione democratica a livello industriale e politico»[7].

L'alfabeto teorico della pedagogia, però, poggia su categorie cosiddette formali quali l'oggetto, il linguaggio, la logica ermeneutica, il dispositivo investigativo, il principio euristico e il paradigma di legittimazione, le quali fanno della pedagogia una scienza della formazione e contribuiscono alla costruzione delle due dimensioni che la caratterizzano, quella teorica e quella prassica. L'oggetto della pedagogia si riferisce al campo della riflessione pedagogica e riguarda la formazione della persona (uomo-donna-bambino-adulto) nella sua contestualizzazione storica, culturale e sociale; una formazione che si

[6] Cfr. L. Fabbri, A. Munari, *L'educazione come negotium ermeneutico*, in M. Tarozzi (a cura di), *Direzioni di senso. Studi in onore di Piero Bertolini*, Clueb, Bologna 2006, pp. 377-390.

[7] E. Fromm, *Avere o essere?*, Mondadori, Milano 1999, p. 275.

struttura nella direzione della crescita intellettuale, dell'autonomia cognitiva e affettiva e di una più costruita emancipazione. Il linguaggio della pedagogia, invece, ripensa la scienza pedagogica secondo un uso di un linguaggio plurale, nel senso che si ricorre spesso al linguaggio della filosofia, delle scienze applicate, della storia, della quotidianità. Il *bisogno di comunità* può essere incanalato nello sforzo di reinventare istituzioni, fissate su pratiche sociali in grado di regolare mediante norme democratiche le logiche del mercato che finiscono per produrre effetti deleteri[8]. L'originalità della pedagogia, quindi, consiste nel fatto che essa è in grado di organizzare un vasto repertorio di codici rendendoli funzionali e applicativi alle diverse necessità di formalizzazione, sia dei soggetti che dei loro contesti educativi e di intervento. La logica ermeneutica, altro tassello essenziale della pedagogia, utilizza questa forma (la logica appunto) come criterio descrittivo e interpretativo, contribuendo alla costruzione di una triplice dialettica che vede implicate la teoria e la prassi: teoria-prassi-teoria. Questa triplice esigenza di fondazione teorica, di sostanziale ipotesi, di traduzione, di riformulazione teorica fa della pedagogia una scienza attenta alle istanze delle varie discipline, attenta cioè alla pluralità dei punti di vista e dei diversi modi di codificazione del reale. Il dispositivo investigativo mira a indagare la complessità dell'oggetto della pedagogia, il quale richiede una pluralità metodologica che va dalla ricerca teorica alla ricerca comparata, dalla ricerca storica alla ricerca sperimentale e clinica. Il principio euristico, diversamente, si pone come obiettivo quello di mettere al centro la pedagogia rendendola scienza in continuo cammino verso una destinazione mai definitiva; ecco perché la pedagogia è definita scienza in continua discussione. L'ultimo assunto, il paradigma della legittimazione, mira a comprendere la pedagogia riconoscendola esclusivamente secondo la sua poliedricità e per la continua ricerca, atte a legittimarla come sapere complesso e plurale, antinomico e dialettico, generativo e trasformativo della vita umana.

La democrazia politica ha potuto sorgere e affermarsi nel moderno occidente – e ha potuto esprimersi attraverso una serie di meccanismi istituzionali e legislativi – in quanto costantemente sorretta dalla categoria della persona. Parallelamente, tutte le volte che la categoria di persona è entrata in crisi, le istituzioni democratiche sono state in qualche modo private del loro entroterra naturale, e hanno rischiato di sopravvivere come "sovrastrutture" di una

[8] Cfr. LIII Convegno di Scholé, *L'educazione nella crisi del Welfare State*, cit., p. 111.

"struttura" che in realtà non esisteva più, e proprio per questo appariva destinata prima o poi a crollare[9].

Infine, nel costrutto epistemologico della scienza pedagogica, non possiamo tralasciare altri valori imprescindibili, categorie caratterizzanti delle scienze dell'educazione, dal tempo come valore della memoria alla partecipazione che, al pari del principio di responsabilità e della relazione educativa, ci aiutano a delineare i costrutti pedagogici sui quali poter fondare una progettualità sociale. Il rapporto tra pedagogia e politica, più volte ripreso nel presente lavoro, mira a rafforzare il già forte legame che esiste fra l'analisi educativa, con i suoi elementi fondanti e le sue strutture precostruite, e l'evoluzione storica della gestione della cosa pubblica, sempre più bisognosa di esempi e supporti delle altre scienze umane. Per tali ragioni è necessario, per comprendere ancor meglio il senso del rapporto tra le discipline, soffermarsi sul concetto, già precedentemente considerato, di democrazia per Bertolini, il quale la riteneva «una sorta di *figura simbolica* cui si ricorre per giungere a una legittimazione di sé e del proprio modo di comportarsi»[10].

La progettualità sociale, come già accennato, soprattutto in campi ben definiti quali il volontariato, ad esempio, si fonda sempre più sul concetto di relazione e, per tali ragioni, non può prescindere dall'esperienza pedagogica. La costruzione e la progettazione sul campo attingono continuamente da esempi e ricerche educative che mettono al centro dello studio la persona, quale elemento fondamentale per ripensare il senso di cittadino e il suo Stato di benessere. Le politiche sociali, così come le riforme di Welfare State, dopo la fallimentare parentesi di costruzione fondata sul dato politico-economico, testimoniato da una crisi del Welfare State che, come ricorda Piero Bertolini, è stata legata a motivi economici correlati, come tutti sappiamo, alla grande crisi che ha colpito, sia pure in modo molto differenziato, tutti i paesi industrializzati e non solo quelli, necessitavano di nuova linfa che affondasse le proprie radici in un terreno caratterizzato da valori culturali o istanze pedagogiche.

Il modello del Welfare State, almeno come è stato realizzato in Italia, è un modello sostanzialmente eteronomo, nel senso che la concezione del bene comune che sta alla base di questo sistema, non è stata formulata dai prota-

[9] G. Campanini, *Personalismo e democrazia*, Edizioni Dehoniane, Bologna 1987, p. 10.
[10] P. Bertolini, *Educazione e politica*, Raffaello Cortina, Milano 2003, p. 38.

gonisti della società, dai cittadini o dalla maggioranza dei cittadini, ma è stata, piuttosto, formulata dai cosiddetti esperti che, poi, rappresentavano spesso gli interessi o, almeno, i punti di vista e le convinzioni della classe dirigente[11].

Da qui la logica passivizzante, a più riprese analizzata anche dalla sociologia, che ha reso complessa e poco applicabile l'idea di una politica autentica, declinata secondo lo sviluppo e la promozione sociale.

Per tali ragioni le politiche sociali necessitano dell'indispensabile processo di ripensamento, con scadenza a medio-lungo termine, basato sull'esperienza delle scienze dell'educazione; una pratica educativa che, sulla scorta degli studi pedagogici e sulla progettualità della disciplina, sia esempio per la costruzione di una nuova riforma di Welfare State, che veda al centro la persona, per evidenziare i bisogni del cittadino e per la costruzione del suo benessere nel mondo. Per fare ciò, ed è quello che cercheremo di dimostrare nel presente lavoro, non si può prescindere dal fondamento pedagogico, e soprattutto dal principio di responsabilità quale fondamento di genesi di una nuova idea di sostegno alla persona, utile al raggiungimento del benessere del cittadino nel mondo. Quindi, oltre la partecipazione attiva, restituire alla persona quel diritto alla dignità, unica e inviolabile, che si sostanzia nel rispetto della singola identità, a sé e per gli altri, e nel concetto di libertà per giungere al soddisfacimento del bisogno.

Nella dinamica continua tra *ontico* e *deontico* – in quanto la persona è in sé ed è sempre identica a sé, ma è anche per il suo perfezionarsi e, dunque, per farsi altro, pur rimanendo sempre se stessa – si apprezza tutto il valore della persona e se ne avverte lo spessore etico. La stessa *dignità umana* – valore intrinseco alla persona dalla cui difesa dipendono, in maniera essenziale, il destino dell'uomo e la qualità relazionale del vivere comune – è fortemente legata alle modalità di esercizio dell'umanità di ciascuno perché, ove limitazioni e offese fossero prevalenti nel quotidiano, sarebbe a rischio la validità assiologica del vivere personale e si paventerebbero pericoli estremi, quali ad esempio lo smarrimento dell'uomo, la sua riduzione a semplice oggetto sociale, scientifico e materiale biologico, e il vivere l'obbligo della perenne reinvenzione del sé come una vera e propria gabbia esistenziale[12].

[11] P. Bertolini, *La responsabilità educativa*, cit., p. 39.
[12] Cfr. A. Chionna, *Pedagogia della dignità umana*, cit., p. 78.

Al forte ricorso alla modalità di espressione della democraticità personale e al profondo legame che lega questa alla eticità della persona fa riferimento anche Ricoeur, quando introduce e prova a rifondare il concetto di identità personale. Distinguendo la semplice «medesimezza», la cui permanenza è affidata alla comunità di un sostrato, dalla vera e propria «ipseità», la cui permanenza dipende dalla capacità della persona di rimanere fedele a se stessa tramite atti morali, l'Autore sottolinea come il mantenimento di sé, ovvero la consapevolezza di essere sempre se stesso, è dovere della persona cui rispondere con la stessa dedizione che si assicurerebbe a un altro dopo avergli fatto una promessa o dopo aver preso con lui un impegno[13].

2.2 *Fattori educativi e fattori economici per un nuovo welfare*

La genesi del Welfare State, da un punto di vista sociologico, ma anche politico, è possibile riferirla all'esempio della Gran Bretagna, modello ispiratore per gli altri sistemi europei, nonché di quello relativo all'esperienza italiana. Il concetto di Stato di benessere, idea classica delle politiche di welfare, nel tempo, ha subito numerose evoluzioni e ridefinizioni diventando in taluni casi, come quello della riforma norvegese degli anni Ottanta del Novecento, esempio evolutivo per i paesi occidentali. Il Welfare State rappresenta il punto massimo della forma dinamica assunta, nei paesi avanzati dell'Occidente, dalla mediazione tra democrazia, neo-capitalismo tecnologico e forma di attenzione agli aspetti meno fortunati delle compagini sociali attraverso modalità compensative volte alla supplenza dello Stato rispetto alle complesse disarmonie della società civile. Bisogna, inoltre, considerare che la sua crisi è, in buona parte, dovuta al crollo endogeno ed implosivo dell'ideocrazia del comunismo reale avvenuto tra la fine degli anni Ottanta e i primi anni Novanta del Novecento[14].

La nascita di alcuni importanti principi teorici, che definirono in seguito il moderno Welfare State, si potrebbe farla risalire alla fine del XIX secolo, in Gran Bretagna, considerata comunemente la culla delle politiche sociali contemporanee[15]. In Europa, però, una prima concreta

[13] Cfr. P. Ricoeur, *Sé come un altro*, Jaca Book, Milano 2005, p. 32.

[14] Cfr. LIII Convegno di Scholé, *L'educazione nella crisi del Welfare State*, cit., p. 68.

[15] Per un approfondimento sul tema si rinvia a D. Fraser, *The Evolution of the British Welfare*, MacMillan, London 2002; P. Alcock, A. Erskine, M. May (eds.), *The*

forma di Welfare State venne elaborata solo nel 1942, quando il Partito Laburista in occasione della stesura del proprio programma elettorale inserì un rapporto sulla situazione dei sistemi di protezione sociale, frutto di una ricerca commissionata l'anno precedente dal Ministro del Lavoro Arthur Greenwood all'allora Rettore dell'University College of Oxford Sir William Henry Beveridge. Questo documento, comunemente conosciuto come "Piano Beveridge" (Beveridge Report), divenne base per la costruzione di una completa riforma del sistema di sicurezza sociale, elaborato attraverso l'analisi di cinque ambiti critici della società britannica: analfabetismo, malattia, disoccupazione, squallore abitativo, indigenza. Beveridge sosteneva, quindi, che fosse necessario, nell'interesse della stessa società, attuare un intervento volto a rimuovere questi mali e che fosse, inoltre, compito dello Stato ridurre i tempi di realizzazione e fare in modo che ciò si diffondesse il più possibile tra la popolazione.

Alla luce di quanto su brevemente accennato, è possibile affermare che l'esperienza britannica rappresenta il primo caso della storia moderna in cui lo Stato afferma esplicitamente e concretamente il proprio ruolo, facendosi carico, in funzione di tutore sociale-istituzionale, delle problematiche sociali attraverso l'elaborazione e l'attuazione di sistemi previdenziali e di servizi, fondendo rispettivamente il piano più strettamente ideologico e politico, con quello più pragmatico di tipo economico. Dal punto di vista pedagogico, la domanda utile che ci permette di definire in termini di umanesimo, la *differenza ontologica dell'umano*, apre una riflessione non poco complessa sulla capacità dell'uomo di reggere gli sconvolgimenti della *globalizzazione* in tutte le sue forme. La pionieristica esperienza britannica, quindi, ha rappresentato concretamente un riferimento importante per le società contemporanee, un modello per l'attuazione delle politiche di welfare che, una volta contestualizzato in realtà differenti, ha prodotto inevitabilmente diverse modalità di intendere il Welfare State e le politiche sociali. L'epifania del volto non rappresenta solo la struttura di ogni eticità possibile, ma dischiude e introduce nell'esperienza

Student's Companion to Social Policy, Blackwell Oxford 2003; J. Baldock, N. Manning, S. Vickerstaff (eds.), *Social Policy*, Oxford University Press, Oxford 2003; N. Eleison, C. Pearson, *Development in British Social Policy*, MacMillan Press, Basingstoke 1998; R. Lowe, *The Welfare State in Britain since 1945*, Macmillan, Basingstoke 1999; K. Johnes, *The Making of Social Policy in Britain: From the Poor Law to the New Labour*, Athlon Press, London 2000.

metafisica e religiosa: ponendosi al di là di ogni totalità immanente, il volto richiama l'infinito, o meglio rappresenta la maniera in cui l'infinità dell'infinito ci viene incontro e si rivela come tale, tanto che, nel rapporto faccia a faccia con il prossimo, è come trovarsi al cospetto di Dio[16]. La convergenza di fattori umani e istituzionali rappresenta il motore che ha avviato quel processo di creazione di spinte che definiscono i caratteri specifici delle problematiche e dei bisogni sui quali verteranno le azioni dello Stato di benessere, risultati progressivi di una costante, e mai tralasciata, contrattazione pratica nei tortuosi percorsi della regolazione sociale. L'accentuazione del discorso cade evidentemente sull'irripetibilità e insostituibilità del singolo, sulla sua priorità rispetto alle configurazioni in cui vive e sul fatto che gli altri forniscono le condizioni per il perfezionamento personale ma, come ricorda vigorosamente Flores d'Arcais, non ne sono la causa: «il vivere sociale comunitario non rende il singolo *res societatis*, *res familias*, o *res ecclesiae*, poiché sempre la persona appartiene soltanto a se stessa»[17].

È possibile affermare, a questo punto, che esiste, ed è evidente, una fondante determinatezza del contesto politico, storico, sociale e culturale nel quale gli attori pubblici, al pari di quelli privati, agiscono e interagiscono con le istituzioni, singolarmente o collettivamente; è, oltremodo, nota la continua e crescente complessità che tali rapporti stanno acquistando, in un contesto internazionale a carattere sempre più integrato e interrelato, e che manifesta la costante necessità di approcci comparativi che consentano di elaborare chiavi interpretative più adeguate e utili ad affrontare l'analisi dei percorsi delle nuove sfide del Welfare State.

La crescente complessità e articolazione delle società post-industriali rende assai difficile, da parte del settore pubblico, individuare soluzioni universalmente capaci di fornire sicurezza alla moltiplicazione dei rischi. Non è un caso che tra i principi che vengono spesso evocati nella costruzione del nuovo welfare per le società post-industriali di oggi, accanto a sussidiarietà e attivazione si richiami sempre il concetto di integrazione, ovvero l'adozione di politiche finalizzate a integrare i vari servizi territoriali di protezione sociale coordinandoli tra loro, razionalizzandoli e, dunque, ragionando in un'ottica sistemica[18].

[16] Cfr. E. Lévinas, *Totalità e infinito. Saggio sull'esteriorità*, Jaca Book, Milano 1980, pp. 77-80, 191-224.

[17] G. Flores d'Arcais, *Persona*, in G. Flores d'Arcais (a cura di), *Nuovo dizionario di pedagogia*, cit., pp. 997-998.

[18] M. Minesso (a cura di), *Welfare donne e giovani in Italia e in Europa nei secoli XIX-XX*, FrancoAngeli, Milano 2015, p. 232.

Il panorama che si è venuto a creare in Europa, quindi, appare ora estremamente variegato, parcellizzato, e con numerosi esempi di Welfare State differenti, alcuni ancora legati all'idea beveridgiana di responsabilità statuale dell'attuazione dei principi di redistribuzione del benessere, altri invece orientati verso una partecipazione sempre maggiore degli attori del mercato nell'offerta di servizi alla persona.

Tra i tanti studiosi delle forme del Welfare State, T.H. Marshall è stato il primo a individuare nel principio di "cittadinanza", in particolare nella sua personale riformulazione, una innovativa e determinante chiave di lettura per l'interpretazione degli scenari evolutivi del Welfare State[19]. Nell'elaborazione del suo pensiero, Marshall va oltre il semplice significato giurisprudenziale del termine, che indica il rapporto che lega la persona cittadino alle istituzioni che rappresentano lo Stato in un vincolo di diritti e doveri. Egli affronta il suo oggetto di studio rielaborando e approfondendo il campo semantico e concettuale legato all'idea tradizionale di "cittadinanza".

La cittadinanza è uno status concesso a coloro che sono membri effettivi di una comunità. Coloro che possiedono tale status sono uguali nel rispetto dei diritti e dei doveri inerenti al nostro status. Non c'è un diritto universale che determina tali diritti e doveri, ma esistono società in cui la cittadinanza è una istituzione che si sviluppa e crea l'immagine di un'ideale cittadinanza con cui misurare i risultati raggiunti e verso cui indirizzare le proprie aspirazioni. L'impulso a seguire il percorso indicato è così pianificato al fine di creare piena equità, di arricchire l'essenza fondamentale che costituisce lo status, e di aumentare il numero delle persone cui lo status è concesso[20].

Marshall sostiene nella sua analisi che il riconoscimento dei diritti di cittadinanza non sia da interpretare come il risultato automatico al quale si perviene attraverso la semplice appartenenza a uno Stato nazione in qualità di cittadino. Il concetto di "cittadinanza" reca in sé la storia del percorso di riconoscimento dei diritti civili e politici, che ha visto nello Stato, nei cittadini, e nel rapporto diritti/doveri tra loro instauratosi, l'affermazione dei diritti sociali e, con essi, la costituzione dei presupposti ideologici e pratici per la nascita del Welfare State. Il modello

[19] Per un maggior approfondimento sulle teorie dell'autore si rimanda a M. Mann, *Ruling-class strategies and citizenship*, in "Sociology", n. 21, 1987, p. 339.

[20] T.H. Marshall, *Class, Citizenship and Social Development*, Doubleday, New York 1964, p. 18 (nostra traduzione).

di cittadinanza elaborato da Marshall si fonda quindi su tre momenti storici ben definiti: il riconoscimento dei diritti civili nel XVIII secolo; il riconoscimento dei diritti politici nel XIX secolo; infine il riconoscimento dei diritti sociali nel XX secolo.

Il riconoscimento del principio universalistico di soddisfacimento dei diritti fondamentali è stato di fatto esteso a tutti i cittadini attraverso la cancellazione delle differenze giuridiche prima e di quelle politiche in seconda battuta. I diritti sociali si manifestano quindi come ultimo momento nell'elaborazione di quel percorso concettuale grazie al quale a ogni cittadino è stato altresì riconosciuto lo status di persona avente diritto, dinanzi allo Stato e alla società, di poter soddisfare i propri bisogni per poter vivere dignitosamente. L'approccio interpretativo fondato sul concetto di cittadinanza elaborato da Marshall si è rivelato essere un utile strumento analitico per gli studiosi che hanno cercato di elaborare alcuni approcci teorici per la definizione delle cause sociali, politiche ed economiche della nascita del Welfare State. L'importanza dell'influenza delle forze politiche nello sviluppo del Welfare State è stata sostenuta anche dai risultati di una ricerca condotta da Castle e McKinlay secondo cui le variabili di tipo politico, cioè legate ai partiti politici e ai movimenti dei lavoratori, ricoprirebbero effettivamente una grande importanza nella definizione della natura dello Stato di benessere. Per esempio, l'attivismo dei partiti di sinistra in una nazione in cui non è presente una forte opposizione politica avrebbe un collegamento molto stretto con la nascita, e un conseguente rapido sviluppo, del Welfare State, mentre ciò non ha riscontrato la medesima rapidità nelle società in cui le ideologie politiche (di partito) erano numerose e necessitavano perciò di una affermazione sociale più complicata e lenta, a ragione dei principi democratici di concorrenza e tutela della libertà di opinione e di opposizione politica[21].

I risultati cui si è giunti sono il frutto del processo di mutamento caratterizzato dall'istituzionalizzazione dei conflitti sociali. Con ciò si intende fare riferimento a quella modalità di gestire i conflitti sociali tipica della società a noi contemporanea. Dahrendorf la descrive come una tensione legittima tra due fronti sociali, da lui definiti come gruppi di interesse legittimi che si esplica attraverso il rispetto di determinate

[21] Cfr. F.G. Castle, R. McKinlay, *Public Welfare Provision, Scandinavia and the Sheer Futility of the Sociological Approach to Politics*, in "British Journal of Political Science", n. 9, 1979, pp. 157-171.

regole, comunemente accettate e perciò rispettate, e che presenta momenti di lotta, di elaborazione di negoziati e soluzioni, di ricerca di compromessi. Dahrendorf definisce gli attori dei conflitti istituzionalizzati riformulando concettualmente l'espressione coniata da Karl Marx di «classe per sé». Con tale espressione egli indica un gruppo conflittuale con interessi manifesti e che, in virtù del carattere esplicito del proprio interesse, si organizzano e rivendicano nuovi diritti. Con l'espressione «classe in sé» Dahrendorf descrive un quasi gruppo con interessi latenti e incapace di organizzarsi, o privo della volontà di organizzarsi[22]. I conflitti sociali appena descritti perdono i caratteri più duri e violenti tipici della loro interpretazione marxiana. Per Marx il conflitto è l'essenza stessa del cambiamento, del mutamento sociale, inteso però come rivoluzione, come atto violento che sconvolge l'ordine sociale fino ad allora accettato e che ridistribuisce i privilegi, sottraendoli alla classe sconfitta per assegnarli alla classe vincitrice del conflitto stesso[23]. Tuttavia essi non sono meno efficaci nel raggiungere il proprio obiettivo che è sito nel mutamento dell'ordine esistente. Il Welfare State nascerebbe quindi come risultato di un preciso conflitto istituzionalizzato, cioè come soluzione e compromesso tra chi aveva e chi invece aveva bisogno.

Le riflessioni di Dahrendorf, e quelle degli altri autori appena citati, trovano origine e ispirazione nella teorizzazione che Georg Simmel elabora sul concetto di contrasto inteso come lotta, conflitto, e più in generale come ambizione di un gruppo sociale di raggiungere un determinato obiettivo a scapito di un altro gruppo concorrente e antagonista. Egli tra i primi pose in evidenza l'aspetto più positivo e costruttivo del processo sociale di elaborazione del conflitto che si manifesta nella inevitabile tendenza delle parti in causa a costruire relazioni sociali frutto di azioni sociali reciproche. Le cause scatenanti di un qualsiasi conflitto sono effettivamente da ricercare, sempre secondo Simmel, nei sentimenti e nelle ambizioni primarie, l'avidità, la gelosia, l'invidia, mentre le azioni concrete che caratterizzano lo scontro e l'opposizione sono le azioni riparatrici che seguono il dualismo in sé[24]. Le società tenderebbero perciò a cercare un equilibrio e una riparazione ai

[22] Per un approfondimento si rimanda a R. Dahrendorf, *Classi e conflitto di classe nella società industriale*, Laterza, Roma-Bari 1971.

[23] Per un approfondimento si rimanda a K. Marx, *Le lotte di classe in Francia dal 1848 al 1850*, Editori Riuniti, Roma 1970.

[24] Ulteriori riferimenti sono rintracciabili in G. Simmel, *Sociologia*, Edizioni di Comunità, Torino 1998.

momenti di squilibrio, momenti frequenti nella storia giacché le società tutte non sono fenomeni statici ma in continuo divenire attraverso la ricerca di nuovi scopi comuni da raggiungere e nuove forme di socialità da ideare e negoziare nell'attuazione quotidiana del vivere collettivo. «La società sorge soltanto quando siffatte relazioni reciproche, suscitate da certi motivi e interessi, diventano operanti»[25]. Un individuo non è mai isolato e nel suo relazionarsi con gli altri membri del gruppo a cui appartiene egli costruisce relazioni e rinsalda questo legame attraverso la reciprocità, chiave interpretativa che Simmel utilizza per la definizione della società e dei fenomeni sociali che in essa si manifestano. Secondo l'autore le società sarebbero composte da elementi diseguali, generalmente ricondotti sotto termini e macro-categorie generalizzanti, che creano relazioni reciproche e definiscono, attraverso l'interazione, gli scopi e gli obiettivi comuni da perseguire insieme.

La consapevolezza comune di dirigere le azioni individuali e collettive in base a una funzione, a un obiettivo socialmente condiviso contribuisce a generare la coesione sociale necessaria per iniziare il percorso di generazione di un gruppo sociale. Questo si completa con la realizzazione di un'idea di unità sociale che per Simmel nasce e si realizza nella sua completa manifestazione solo e unicamente per mano degli elementi sociali, anche in questo caso intesi come elementi individuali oppure collettivi, che agiscono coscientemente e sinteticamente per raggiungere obiettivi socialmente condivisi. Il sentimento di unità e i legami sociali reciproci così definiti consentono di approfondire ulteriormente le riflessioni riguardanti la definizione dei criteri di inclusione ed esclusione, dei momenti di antagonismo e in quelli di collaborazione, dei differenti elementi o gruppi sociali in funzione dell'elaborazione e destinazione delle politiche sociali.

> Noi designiamo come unità la concordanza e il legame di elementi sociali, in antitesi alle loro divergenze, separazioni, disarmonie; ma un'unità è per noi anche la sintesi complessiva delle persone delle energie e delle forme in un gruppo, la loro totalità finale, nella quale sono incluse sia quelle relazioni unitarie in senso più stretto sia quelle dualistiche[26].

Qualsiasi forma di convivenza sociale presuppone la coabitazione di elementi divergenti all'interno della stessa sfera di reciprocità. La riconducibilità dei singoli elementi a un criterio classificatorio o cate-

[25] Ivi, p. 13.
[26] Ivi, p. 215.

goriale a carattere generale non potrebbe mai presupporre o sostenere la totale omogeneità dei singoli elementi che compongono la sua unità. La presenza di differenti attori, portatori di interessi particolari che in taluni casi potrebbero collidere con gli orientamenti della società tutta, genera dei momenti di contrattazione sociale in cui gli stessi attori creano nuove modalità relazionali per ritrovare l'equilibrio interno.

Simmel ci fa notare che la molteplicità di elementi sociali genera dei raggruppamenti, frutto di coalizioni e avversioni reciproche, caratterizzati da una geografia variabile di soggetti, determinata a sua volta dagli interessi specifici messi in atto in ogni precisa situazione di tensione. Per esempio, in una società in cui vi è una forte differenza di benessere tra due gruppi costituiti da diversi elementi sociali si giungerà molto più rapidamente a forme di conflitto sociale piuttosto che nei casi in cui fra questi due principali gruppi sia presente un gruppo intermedio capace di mediare e di rendere i confini sociali tra i due precedenti meno marcati e più indefiniti. Ciò contribuisce a generare una maggiore indefinitezza delle divisioni interne alla società, cosicché il superamento delle stesse sia più facile perché il rapporto diadico viene interrotto dalla partecipazione di un terzo soggetto che rende necessario il ricorso a strumenti di mediazione.

> Gli interessi del tutto non sono necessariamente gli interessi della parte: per questo la società non può formarsi né mantenersi senza richiederci continui sacrifici che ci pesano. Per il solo fatto di superarci, essa ci obbliga a superare noi stessi, e superare sé stesso vuol dire [...] uscire in qualche modo dalla propria natura: cosa che non avviene senza una tensione più o meno penosa[27].

Inoltre, la presenza di un soggetto esterno al macro-gruppo sociale in questione che tenti in qualche modo di minacciare la stabilità o la stessa sopravvivenza della società, forse approfittando delle divisioni interne a essa, riscuoterà invece il risultato opposto di abbattere le divisioni interne, o per meglio dire di renderle temporaneamente meno rilevanti rispetto al pericolo esterno, e di aumentare sostanzialmente la coesione sociale. È questa una delle strategie più frequentemente messe in atto dalle società per auto-conservarsi contro una minaccia esterna attraverso la concentrazione delle forze, delle ricchezze, delle strategie sociali verso un'unica e condivisa finalità. Questa prospettiva appare

[27] É. Durkheim, *Il dualismo della natura umana e le sue condizioni sociali*, in Id., *La scienza sociale e l'azione*, il Saggiatore, Milano 1996, p. 358.

determinante nell'elaborazione dei principi di cittadinanza affrontata da Marshall, giacché chiarisce ulteriormente la complessità della composizione sociale, caratterizzata dalla compresenza di differenti portatori di interessi individuali, racchiusi all'interno di una categoria estremamente generale come quella del cittadino. All'interno della categoria "cittadini" di uno Stato-nazione sono palesemente presenti un numero indefinito di gruppi in opposizione ad altri che generano conflitto con l'intento di modificare, generalmente a proprio vantaggio e contemporaneamente a discapito dell'avversario, l'ordine fino ad allora rispettato.

Così il pensiero di Simmel incontra e fortifica le teorizzazione di Dahrendorf nell'intento comune di descrivere alcuni dei caratteri essenziali del dinamismo del vivere sociale. La competizione, la concorrenza, lo scontro, assumono qui connotati positivi. Divengono utili strumenti interpretativi per la lettura dei percorsi di ideazione e realizzazione del Welfare State e delle politiche sociali. Questi porrebbero come loro obiettivo primario la realizzazione dei principi di uguaglianza sociale attraverso la distribuzione equa di opportunità di vita che consentano la più piena realizzazione di ogni essere umano. «Il mondo non è umano perché è fatto da esseri umani, e non diventa umano solo perché la voce umana risuona in esso, ma solo quando è diventato oggetto di discorso»[28]. Il pensiero pedagogico, in particolare, presta attenzione all'evolversi delle condizioni storico-sociali e, sulla scorta di quella che Acone chiama l'«ontologia della ragione educante», coglie nei dati contestuali le indicazioni utili ad articolare la pratica educativa in maniera tale da garantire alla persona la possibilità di permanere in identità e dignità in ogni tempo e in ogni cultura[29].

Il Welfare State potrebbe quindi essere interpretato come un chiaro esempio del risultato di un conflitto con funzione positiva poiché nella pratica del proprio intervento regolatore manifesterebbe costantemente l'ambizione di eliminare dalla vita sociale i principali elementi di disuguaglianza che ostacolano una diffusa integrazione sociale. Attraverso la mediazione tra gli interessi di una parte e quelli della società, lo Stato sociale contribuisce a valorizzare l'aspetto relazionale e associativo del conflitto stesso che crea inevitabilmente nuove modalità relazionali tra le persone coinvolte. Il conflitto, oppure la competizione, sono considerate azioni sociali per eccellenza per via del loro aspetto riparatore e rigene-

[28] H. Arendt, *L'umanità in tempi bui*, Raffaello Cortina Editore, Milano 2006, p. 85.
[29] G. Acone, *La paideia introvabile*, cit., p. 6.

rante. Ciò che realmente è dissociante è la causa del conflitto, il motivo per il quale una sovra-unità sociale non si sente più coesa ma scissa in due o più gruppi minori che ambiscono a raggiungere un risultato uguale o differente, ma pur sempre a discapito dell'altra parte. Ogni modalità assunta nel vivere comune dall'umanità non è costituita da una solida ed omogenea unità ma la sua natura è composta dalla mescolanza di correnti convergenti e correnti divergenti, come asserisce Simmel[30].

La sintesi tra opposte o parallele energie sociali che ne deriva costituisce il ganglio principale attraverso cui verrebbero condizionate le forme assunte dai percorsi associativi, le forme della sopravvivenza e della continuità sociale, il modo di sostenere e promuovere la coesione sociale. In tal senso, la via dell'incontro, del dialogo e dell'amicizia politica si presenta come la sola in grado di condurci verso una nuova civiltà, l'unica via per dinamiche relazionali positive che rendano possibile il rispetto della reciproca differenza nelle società complesse e, con esso, la pacifica convivenza tra diversi[31].

Il Welfare State, con le proprie differenti espressioni operative dei suoi principi basilari, nascerebbe perciò come uno strumento per il mantenimento dell'equilibrio e dell'equità dei rapporti complessivi di una società nella quale si intrecciano costantemente in modo più o meno palese conflitti oppure competizioni di natura differente. Tali forze e tensioni sociali contribuiscono radicalmente alla definizione dei caratteri e delle forme delle politiche sociali, in virtù delle competenze e delle modalità risolutive poste in atto per superarli, generando così un articolato panorama composto da differenti tipi particolari di Welfare State. La dinamica intersoggettiva che si va così delineando guarda al futuro e trascende le parti, non richiama tanto un semplicistico *essere presente* dentro i differenti contesti esistenziali quanto *un essere per l'altro e per gli altri*, con tutto ciò che questo comporta sul piano relazionale[32].

[30] Cfr. G. Simmel, *Sociologia*, cit., pp. 213-289.

[31] Cfr. L. Santelli Beccegato, *Educazione alla politica nelle società complesse. Considerazioni neo-personalistiche*, in M. Tarozzi (a cura di), *Direzioni di senso. Studi in onore di Piero Bertolini*, Clueb, Bologna 2006, pp. 293-305.

[32] Cfr. B. Rossi, *Intersoggettività e educazione. Dalla comunicazione interpersonale alla relazione educativa*, La Scuola, Brescia 1992, p. 65.

2.3 *Costruzione di modelli educativi per una nuova prospettiva della pedagogia sociale*

La pedagogia si muove su un binario che mira a costruire un mondo in cui l'uomo possa aprirsi progettualmente al futuro, modulando la naturale spinta alla socialità e, perciò, risulta importante soffermarsi sul significato della libertà evidenziando, al contempo, il nesso imprescindibile con la tensione al bene, elemento essenziale nella costruzione delle politiche sociali. L'educazione, intesa come relazione alla democraticità, muta il proprio significato contestualizzandosi mediante i concetti di necessità e possibilità, assumendo l'ampio e comprensivo significato di educazione alla politica che apre un ventaglio di possibilità contemporaneamente rivolte alla persona e alla storia. Nella tradizione filosofica, luogo di elaborazione e di approfondimento del concetto di libertà, sono rintracciabili differenti significati del termine. Il pensiero personalistico assume la questione libertà nell'ampio suo spessore, formulando un'analisi che, partendo dalla considerazione che la libertà è nel soggetto, giunge a ritenere che la sua realtà costitutiva si esprime in scelte esistenziali volte alla realizzazione di sé e dell'altro, o meglio ancora, di ciascun altro. Secondo Mounier, la libertà è affermazione della persona, poiché è quest'ultima che scegliendo di essere libera riesce a mostrarsi in totale autenticità: «La libertà non è mai offerta come un dato già costituito; e nulla al mondo può darle la sicurezza d'esser libera, se essa non si slancia audacemente nell'esperienza della libertà»[33].

Libertà, nella sua accezione pedagogica, ma anche nei passaggi fondamentali che richiamano il dato sociologico, si sviluppa oltre che come concetto a sé stante, essenziale per definire le fondamenta del pensiero pedagogico personalista, si sostanzia in modo importante dell'assunto che riguarda l'identità. Singola e imprescindibile, utile allo sviluppo dei rapporti con se stessi e con gli altri, l'identità consta di diversi stadi: dal concetto di singola identità, concetto sviluppato già da autori quali Jonas, Chionna e Bertolini, solo per citarne alcuni, al senso pieno di identità altrui. Proprio il filosofo tedesco attinge dall'idea marxista per spiegare le condizioni di vantaggio dell'evoluzione dell'idea di politica e della sua programmazione, ripensando una società senza classi in grado di rivoluzionare il senso di uomo buono, che vedeva nella testimonianza antropologica un essere reso malvagio soltanto dalle circostanze, e

[33] E. Mounier, *Il personalismo*, cit., pp. 67-69.

guidarlo lungo percorsi e situazioni giuste per tradurre in pratica la bontà del suo essere[34].

Per comprendere a fondo un concetto tanto essenziale quanto sottile nella sua definizione propriamente educativa, dobbiamo necessariamente soffermare il focus d'attenzione sulla questione singolare e più precisamente sul senso del rispetto. La singola identità, unica in sé, e che rappresenta la prima forma di riconoscimento dell'io, richiede una prima e fondamentale questione che mira al riconoscimento prima e al rispetto poi della stessa. Rispettare se stessi riconoscendosi come unici e caratterizzanti significa riuscire, in un secondo passaggio, consequenziale nelle scienze educative, riconoscere l'altrui persona come unica e caratterizzante, fondando il tutto sul concetto del rispetto. Questo passaggio essenziale della pedagogia rappresenta uno dei fondamenti utili alla costruzione di una nuova idea di pedagogia sociale. Il concetto di rispetto, e quindi di reale riconoscimento, rappresenta un tassello importante nella costruzione del cittadino responsabile, inserito nel mondo e capace di coesistere con i propri simili, in un rapporto di reciproco riconoscimento della singola identità, in sé e nel rapporto con gli altri. In questi ultimi anni, caratterizzati da un consistente fenomeno migratorio che ha portato e porterà sempre più al consolidamento di società multietniche e multiculturali, l'educazione alla cittadinanza non dovrebbe prefiggersi l'obiettivo di trasmettere il senso di appartenenza nazionale, ma piuttosto diffondere la consapevolezza dei diritti e dei doveri indispensabili alla convivenza in una società complessa e articolata che si fondi sul principio di responsabilità[35].

È un primo passaggio, certamente importante, ma non esaurisce la ricerca continua di nuovi modelli educativi, e di già esistenti da rielaborare e contestualizzare, utili alla costruzione del cittadino e ai fondamenti della pedagogia sociale che, giocoforza, richiedono delle distinzioni di genere e di età. Esiste, infatti, una questione di genere che, seppur analizzato come dato sociologico, interessa tanto la pedagogia quanto la stessa politica, interdisciplinare, trasversale, che più volte si serve della comunicazione e del suo significativo contributo. Ciò che sostanzialmente definisce l'azione dei media è la personalizzazione della politica e l'elemento fondamentale che incide sui risultati della cam-

[34] Cfr. H. Jonas, *Il principio di responsabilità*, cit., pp. 200-205.

[35] Cfr. L. Pazzaglia, *L'educazione alla cittadinanza democratica tra identità ed ethos condiviso*, in A. Erbetta (a cura di), *Senso della politica e fatica di pensare*, Clueb, Bologna 2003, pp. 80-83.

pagna elettorale è l'immagine che del candidato si è venuta creando nella mente del cittadino. Per cui ciò che conta non è più l'essere, la realtà effettiva, ma ciò che di essa si vede, ossia l'apparire. Ciò accade persino al livello più semplicistico dell'immagine televisiva con cui viene ritratto un determinato personaggio, la quale si trasforma immediatamente in uno strumento di propaganda a suo vantaggio. Quindi, la cultura, cioè l'educazione al senso civico, al saper distinguere l'immagine dalla realtà, la propaganda dall'informazione, la possibilità materiale dalla liceità, rappresenta il punto focale della nostra analisi[36].

Sia la libertà, che l'identità, si sostanziano nell'ampia categoria pedagogica della responsabilità che, oltrepassando la questione di genere, finisce per scindersi in termini attuativi nelle differenze d'età: esiste un giovane responsabile, anche se non in senso assoluto, ed esiste certamente un adulto responsabile; di contro, ci sono giovani che non hanno maturato un senso di responsabilità pieno, così come ci sono adulti che non riescono a sviluppare il proprio agire in modo responsabile.

> Il riferimento è a una *responsabilità* consapevolmente dentro al valore storico dell'azione e delle conseguenze che ne possono derivare da una corretta valutazione prospettica, in grado di richiamare l'attenzione del soggetto sulle conseguenze delle proprie scelte e ad *agire responsabile* quale stima della personale capacità di agire intenzionalmente e di scegliere in base a ragioni[37].

Educare alla responsabilità è uno dei compiti principali della pedagogia sociale e richiede un'organizzazione che sappia riconoscere gli elementi essenziali sui quali puntare per giungere, attraverso l'educazione responsabile del giovane e la costruzione dell'agire responsabile nell'adulto, a formare il cittadino responsabile. In questo senso, l'identità è responsabilità personale, consapevole dinamica tra stabilità del sé e articolazione di specifica espressione nella diversità delle esperienze che si susseguono nel tempo; identità, quindi, significa unicità della dimensione personale che si impara a conoscere e riconoscere nel tempo, senza perdere il senso della consapevolezza del personale valore. È co-

[36] E. Berti, *Valori e dinamiche politiche*, in L. Santelli Beccegato (a cura di), *Bisogno di valori. Per un rinnovato impegno educativo nella società contemporanea*, La Scuola, Brescia 1991, p. 186.

[37] A. Chionna, *Giovani e senso di responsabilità*, in A. Chionna, G. Elia, L. Santelli Beccegato (a cura di), *I giovani e l'educazione. Saggi di pedagogia*, Guerini, Milano 2012, p. 58.

munità ininterrotta nello sviluppo degli eventi, nella crescita mentale, morale, fisica, sociale, secondo forme di permanenza nel tempo che sempre può far dire io sono[38]. Una identità culturale, inoltre, intesa come quel «complesso delle pratiche che si sono avvicendate nel corso dei secoli, legate al modo di essere di una comunità e considerate da essa avere lo statuto di valore irrinunciabile»[39].

Altro passaggio essenziale nella costruzione di una prospettiva sociale pedagogicamente caratterizzata è rappresentato dalla categoria della partecipazione, che richiama in modo sostanziale il rapporto tra pedagogia e politica, ma che necessariamente va oltre e si nutre di elementi essenziali di un educare alla politica che mira alla costruzione del cittadino responsabile con il contributo della comunicazione. Per il politico, però, che è persona fondamentale nel complesso quadro che stiamo analizzando, resta comunque indispensabile ottenere consenso; per tale ragione, in particolare in prossimità delle tornate elettorali, egli si adopera, facendo ricorso a più o meno raffinate tecniche e tecnologie, per guadagnarsi una legittimazione, altrimenti negata senza una delega. In ciò venendo meno, anche, al dovuto rispetto per gli elettori. Ne consegue che, inoltre, come dice Bauman «la caratteristica dell'attuale politica è l'insignificanza. I politici non hanno un programma, ambiscono solo a rimanere in carica. Questo non è il migliore dei mondi, ma il suo reale. Inoltre tutte le alternative sono peggiori, devono essere peggiori [...]. Va così per mancanza di alternative»[40].

La partecipazione, però, tanto in pedagogia quanto in politica, rappresenta una macro area di analisi che si fonda su elementi che non possiamo tralasciare, a cominciare dalla fiducia. La maggior parte dei cittadini del mondo non si fida dei propri governi o dei propri parlamentari, e un gruppo ancora più nutrito di cittadini disdegna i politici e i partiti politici, e considera che il proprio governo non interpreti la volontà del popolo. Questo include anche le democrazie più avanzate, come si evince dagli esiti delle numerose indagini che rilevano che la fiducia nel governo e nelle istituzioni politiche è calata in misura considerevole negli ultimi trent'anni. L'economia e la società in generale sono fattori rilevanti per

[38] Ivi, pp. 57-74.

[39] S. Colazzo, *Il museo e la formazione sociale tra storia e territorio*, Amaltea Edizioni, Castrignano dei Greci (Lecce) 2002, p. 3.

[40] Z. Bauman, *La solitudine del cittadino globale*, Feltrinelli, Milano 2000, p. 20, in A. Rubini (a cura di), *Educare i giovani alla responsabilità. La politica come partecipazione*, FrancoAngeli, Milano 2013, p. 43.

chiarire la disaffezione dei cittadini, ma i dati dei sondaggi evidenziano che la percezione della corruzione è il più significativo elemento di predizione della sfiducia politica[41]. Oggi, il cittadino dell'era post moderna, per dirla in termini sociologici, ha un'idea della fiducia diametralmente diversa dall'essenza del termine, e questo rappresenta un problema proprio della pedagogia. Educare alla politica, puntando alla formazione e costruzione del cittadino di domani, responsabile e inclinato al bene comune, significa anche, e soprattutto, alla ridefinizione del concetto di fiducia. Non si ha più fiducia nella politica, o meglio nella figura del politico, poiché il personalismo politico, che ha visto sempre più presente la figura di una persona o di un volto, piuttosto che di un partito o di un'ideologia, ha costruito, con il contributo essenziale dei media, un elettore-cittadino affascinato dal volto che racconta la propria idea piuttosto che dall'idea stessa che questi espone. Non c'è da stupirsi se, nel rilevare la propensione dell'elettore, si nota come l'elemento determinante nella scelta di un candidato siano le sue qualità caratteriali, e che queste risultino determinanti al fine di impostare strategie di comunicazione capaci di forte impatto e presa sulle persone. Infatti, è facilmente comprensibile come si pongano a confronto la concreta immediatezza della figura del candidato e le correnti di pensiero o le proposte programmatiche dello schieramento politico di appartenenza. Inoltre, nei riferimenti di base con i quali operare nell'accaparramento del voto, oggi giorno ci si confronta con la considerazione di quanto il candidato da scegliere sia più vicino a noi, considerando, ad esempio, se parla di problemi che ci stanno più a cuore[42].

In pedagogia, diversamente, il riconoscimento della persona non mira ad aspetti che affascinano l'elettore-cittadino moderno, ma bensì guarda ad aspetti profondi, come la singola identità, la libertà personale, lo sviluppo di un agire responsabile, in sostanza la globalità del termine che affonda le proprie radici in concetti essenziali e profondi del sapere pedagogico. Nell'istanza del rinnovamento qualitativo del vivere insieme in una società a bassa coesione sociale e in un periodo storico caratterizzato dal pluralismo dei valori e delle culture, assume rilevanza una nuova forma di cultura democratica fondata sull'ampia articolazione del nesso tra responsabilità e cittadinanza. Il termine *democratico*, che

[41] Cfr. A. Rubini, *Pedagogia e politica*, cit., pp. 165-179.

[42] Cfr. R. Grandi, C. Vaccari, *Elementi di comunicazione politica. Marketing elettorale e strumenti per la cittadinanza*, Carocci, Roma 2007, pp. 51-60.

accompagna il concetto di cittadinanza, riviene da una diversa valutazione del contesto sociale e civile oggi inteso come luogo necessario per affermare i principi legati ai diritti dell'uomo. Quando ci riferiamo al termine *cittadinanza*, invece, secondo l'accezione più recente di stato personale, sociale e civile afferente all'esercizio decentrato della democrazia, facciamo riferimento a quel diritto diffuso a tutti coloro che fanno parte di una comunità civile e sociale e a quel cittadino disposto a crescere in termini di responsabilità democratica[43].

Alla luce di quanto su analizzato diventa importante avviare una riflessione su di una nuova prospettiva di ricerca pedagogica che miri a ridefinire, o almeno aprire, un nuovo orizzonte nelle sfide sociali dell'educazione, basandosi necessariamente sugli assunti classici delle scienze dell'educazione e sui modelli educativi caratterizzanti della pedagogia sociale.

> L'autonomia progettuale della pedagogia, attraversata dalle interferenze sociali e politiche, è chiamata a confrontarsi con la questione del consenso su criteri e obiettivi della prassi, con fenomeni educativi nuovi e inediti espressi dal sociale, dall'economico, dalla politica che mettono alla prova l'antica mediazione pedagogica sui discorsi dei fini, la legittimità a dare risposta alla domanda su cosa voglia dire dare senso all'educazione [...]. La sfida è quella di coniugare educazione e prassi etiche, economiche del vivere sociale, delle relazioni, delle comunicazioni, delle visioni del mondo, perché la pedagogia torni a esercitare il suo ruolo progettuale riguardo alla formazione personale, alla formazione del cittadino, al confronto fra cultura e civiltà, fra modelli e paradigmi, fra finalità e valori da negoziare[44].

La questione sociale, pur analizzata approfonditamente dalla sociologia, non può prescindere da aspetti e caratteri propri delle scienze umane più classiche, dalla filosofia all'antropologia, e quindi dalla pedagogia che, come scienza ermeneutica, tende a interpretare il dato pratico attraverso un percorso progettuale che è caratteristica intrinseca del percorso educativo. La pratica educativa è stata caratterizzata recentemente, sul piano etico, da una particolare prospettiva, quello della responsabilità che investe l'educatore di fronte al volto dell'educando e all'appello che scaturisce da questo incontro. È simile a

[43] Cfr. A. Chionna, *Pedagogia della responsabilità*, La Scuola, Brescia 2001, pp. 190-197.

[44] G. Elia, *Il contributo della pedagogia come sapere pratico-progettuale*, in G. Elia (a cura di), *Le sfide sociali dell'educazione*, FrancoAngeli, Milano 2014, pp. 29-30.

quel che accade nel contesto familiare, dove la rottura del patto tra le generazioni ha permesso la manifestazione di una più grave caduta di senso del lavoro educativo.

Un'idea di educazione alla responsabilità, compresa riflessivamente, che non presuma di rispondere a una ragione universale, ma all'attenzione pratica di basarsi sul probabile, sullo sforzo di comprendere le ragioni dell'agire proprio e altrui. È una visione statica dell'educazione e della vita responsabile, ma storicamente dinamica, attenta ai valori e anche alla loro storia, in forza della quale poter approfondire sempre più il loro contenuto e la loro contestualizzazione[45].

[45] A. Chionna, *Pedagogia della responsabilità*, cit., p. 9, in G. Elia (a cura di), *Le sfide sociali dell'educazione*, FrancoAngeli, Milano 2014, p. 43.

Parte seconda

PERSONA, POLITICA, WELFARE E FUTURO

3.
PERSONA E WELFARE

3.1 *La Persona e le politiche di Welfare State*

Il concetto di Welfare State, sempre più richiamato in questi tempi, appartiene a una cultura sociale e politica che muove i suoi passi da molto lontano. Il termine welfare (benessere, star bene) è stato coniato in Gran Bretagna, dopo la Prima Guerra Mondiale, per descrivere il tipo di Stato ricostruito dal governo laburista che si impegnò ad aiutare le fasce di popolazione più in difficoltà. Ovviamente, com'è facile immaginare, l'evoluzione del termine e dei suoi usi ne ha portato una ridefinizione allargata del concetto, aprendo ad esempio in Italia a un significato più ampio di welfare in politica, quale settore che si occupa delle fasce più deboli, dei disabili, e più in generale di tutto ciò che ha socialmente bisogno d'aiuto e sostegno.

In tempi più moderni, il termine, così denso di significati e prospettive, è entrato a far parte del linguaggio comune della politica, tanto da essere utilizzato per definire un Ministero, che si occupa di tutto quello che riguarda il sociale, con un'attenzione particolare, ma non esclusivo, all'assistenza per coloro che si trovano in situazioni di difficoltà.

Nel tempo, però, il solo studio sociale e politico del termine e delle sue evoluzioni, ha prodotto una profonda crisi, specialmente nell'aspetto pratico. In molti hanno sostenuto, a ragione, l'importanza del contributo di altre discipline nella strutturazione e programmazione di una politica di welfare in grado di sopperire alle lacune dello Stato sociale della Repubblica.

Un contributo essenziale nella ridefinizione e studio del welfare, non più solo come termine e significato letterale, ma più propriamente come pratica sociale di quella lacunosa politica, l'ha fornito la pedagogia, intesa non solo come scienza dedita allo studio dell'educazione e della formazione umana, ma da questo dato di interezza, anche come disciplina che analizza la vita dell'uomo e quindi individua gli aspetti di criticità ponendo le basi per un futuro migliore.

Esiste una forte interdipendenza tra il pensiero pedagogico e quello politico, non già come semplice rapporto tra le due discipline univocamente intese bensì come definizione di quel legame che, inevitabilmente, viene a crearsi tra l'aspetto educativo e l'aspetto politico[1]. La crisi del Welfare State ripropone in maniera precisa il rapporto tra pedagogia e politica, evidenziando come in ogni epoca storica questo si sia caratterizzato per un momento di riflessione, proprio della pedagogia, intrecciato con la dimensione politica che, diversamente, ha caratterizzato il piano sociale, dando all'educazione quel tassello mancante, ovvero quell'incapacità di situarsi in un preciso progetto[2].

Dall'antica polis greca, passando per quell'idea settecentesca che rimarca il modello pedagogico politico quale elemento di rinascita della gestione sociale, fino a giungere al moderno paradigma di considerazione della cosa pubblica quale elemento socialmente interessante, come valutazione dei bisogni e delle necessità delle classi sociali in difficoltà, il concetto di welfare ha subito numerose modifiche: gli assetti politici dei governi che si sono susseguiti hanno provocato, infatti, nella struttura delle politiche sociali, dei veri e propri stravolgimenti; la successiva stabilità, negli anni Ottanta del Novecento, ha permesso di attingere, invece, alla felice esperienza del modello norvegese, che ha poi dato vita al modello di welfare europeo che fino a pochissimo tempo fa ha fatto breccia nello stato civico occidentale, riducendo, forse anche a ragione, il sistema di Welfare State a modello di Stato assistenzialista, di aiuto e assistenza del soggetto svantaggiato.

Non ultimo, ancora, il contributo di altri concetti come quello di cittadinanza, intesa non solo nel senso giuridico, ma secondo quella volontà di sviluppo di una educazione alla cittadinanza che produca un cittadino responsabile, dove per responsabilità s'intende quella categoria pedagogica che è caratteristica della formazione della persona.

Ma cos'è la pedagogia e da dove proviene questo termine? La parola Pedagogia deriva dal greco *paidagogós,* comp. di *pais*, "ragazzo", e *agogós*, "che guida"; il suo significato etimologico rinvia all'antica Grecia, nel periodo della schiavitù, quando si faceva riferimento con questo termi-

[1] Per un approfondimento del rapporto tra i due saperi si rinvia al contributo di G. Elia, *Pedagogia e politica. Convergenze e divergenze disciplinari nella prospettiva di un'educazione alla politica*, in L. Carrera, *Fare o non fare politica*, Guerini, Milano 2010.

[2] Cfr. LIII Convegno di Scholé, *L'educazione nella crisi del Welfare State*, cit., p. 168.

ne allo schiavo che accompagnava i fanciulli a scuola. Sono diverse le definizioni manualistiche sul concetto proprio della pedagogia; tutte, però, fanno riferimento a quella ricerca, attraverso la pratica educativa, di formazione e costruzione della persona.

La pedagogia, inoltre, ha vissuto evoluzioni temporali che hanno prodotto delle ridefinizioni dei significati e del loro sviluppo. Oggi parliamo di Pedagogia, intesa come scienza pratico-progettuale, che ha quale prima fase l'approccio a uno studio di metodologia della progettazione, sviluppo e valutazione della pratica educativa. Per fare questo, quindi per comprendere i problemi da affrontare, valorizzare la memoria pedagogica e, ancora, impostare una soluzione valida e efficace occorre una duplice chiave di lettura: da una parte vanno considerate, in modo assai preciso, gli apporti che le altre scienze dell'educazione possono fornire, grazie a un'ampia gamma di elementi teoretici; dall'altra, sviluppare particolari metodologie di ricerca e di lavoro che possano giungere, sulla scorta dell'esperienza delle altre scienze dell'educazione, a uno studio della pedagogia come scienza ermeneutico-interpretativa.

> La Pedagogia come scienza pratica o Metodologia dell'educazione allora può essere intesa come una rivisitazione attenta e consapevole non solo dei modelli di pratica educativa proposti e attuati, ma anche delle risorse, degli strumenti, dei metodi, dei dispositivi, dei congegni in essa sviluppati e che sono disponibili oggi per progettare e attuare un intervento educativo[3].

La Pedagogia vista nella nostra prospettiva è una scienza che è stata spesso definita pratico-prescrittiva[4]. La definizione di pratica è stata nel tempo teorizzata da molti studiosi, anche se in un primo momento (e non molto differente dal senso che oggi ne diamo) veniva vista nel senso che non era diretta a costruire sistemi di sapere, bensì a risolvere problemi d'azione. Questa spiegazione dava modo di rapportarsi col termine prescrittiva, ovvero nel senso che non mirava tanto a descrivere aspetti dell'uomo, della società, del mondo, bensì a orientare

[3] M. Pellerey, *Educare. Manuale di pedagogia come scienza pratico-progettuale*, cit., pag. 14.

[4] C. Scaglioso esplicita il concetto in un intervento dal titolo *Azione educativa e pedagogia come scienza pratica* incluso nel volume a cura di G. Dalle Fratte, *L'agire educativo: ragioni, contesti e teorie* (Armando, Roma 1995, pp. 207-217). Il testo è corredato da una ricca e articolata bibliografia sul tema. Lo stesso tema era stato affrontato da Scaglioso nell'Introduzione al lavoro di L. Fabbri, *Ricerca pedagogica e pratiche educative. Per una pedagogia come scienza pratica*, Tecnodid, Napoli 1994.

l'azione e poter creare quel filo rosso tra i due termini. Infatti, il carattere prescrittivo, permette di essere inteso in un duplice senso: fornire suggerimenti su come procedere e indicare una mappa delle aree di intervento più significative. Spesso il termine prescrittivo è stato anche descritto come normativo, vedendo quindi la pedagogia come scienza normativa; vista, però, l'equivocità del termine, in quanto lo si poteva interpretare nel senso che per agire in maniera valida e feconda bastava seguire le norme dettate dalla pedagogia, è presto caduto in disuso.

L'aspetto pratico costituisce una parte della Pedagogia, intesa tradizionalmente come teoria e metodologia dell'educazione, e di conseguenza non si esaurisce in se stessa, ma necessita della relazione, del dialogo stretto, con le varie teorie dell'educazione, come ad esempio quelle di natura filosofica e teologica. «Più in generale fa parte di quel sistema delle scienze dell'educazione, dialogando con queste da molti punti di vista»[5].

La qualità, quindi, delle scienze dell'educazione con le quali dialoga, influenzerà, certamente, anche la qualità di una metodologia dell'educazione. È quanto mai necessario, ma non di certo sufficiente, per impostare in modo valido e fecondo l'azione educativa, utilizzare gli elementi affidabili e pedagogicamente rilevanti propri delle scienze dell'educazione. La duplice relazione che esiste nella pedagogia come scienza pratico-progettuale, ovvero da una parte con le varie scienze dell'educazione, dall'altra con la pratica educativa, conferisce alla stessa quell'aspetto di qualità scientifica delle scienze umane. «La specificità della Pedagogia come scienza pratico-progettuale fa sì che il tribunale della sua qualità (validità, pertinenza e affidabilità) sia la pratica impostata e realizzata che a essa si ispira»[6].

Diventa, perciò, indispensabile considerare che quando ci approcciamo ad analizzare e a interessarci a un'educazione ai/dei/per i diritti umani dobbiamo prevedere la costatazione di ciò che va messo in pratica, non solo per riparare alle ingiustizie ma per evitare che queste ci siano[7]. Da qui nasce, successivamente, il problema globalizzazione che entra prepotente nello scenario scientifico e formativo, risultando oggettivamente qualcosa di più complesso della semplice costatazione di una evoluzione socioculturale. La pedagogia, quindi, si interessa di

[5] M. Pellerey, *Educare. Manuale di pedagogia come scienza pratico-progettuale*, cit., p. 15.

[6] Ivi, p. 16.

[7] Cfr. L. Santelli Beccegato, *Diritti umani ed educazione alla politica in tempi di globalizzazione*, in L. Carrera (a cura di), *Fare o non fare politica*, Guerini, Milano 2010, p. 15.

dinamiche sociali ed economiche, in quanto queste si possono identificare e riconoscere come elemento educativo. Quando parliamo di diritti umani, non possiamo trascendere dalla definizione degli stessi quali diritti innati, nel senso che «appartengono necessariamente all'umanità e inalienabili»[8].

Con la definizione "diritti umani", si aprono scenari abbastanza complessi di ricerca, che richiamano problematiche rilevanti specialmente da un punto di vista educativo. Le procedure, i significati, le evoluzioni nello spazio e nel tempo, giocano un ruolo decisivo nella ridefinizione (evoluzione) dei termini "diritto" e "umano". «Il fine dell'educazione è uno: fare dell'uomo il maestro di sé nello sviluppo armonico di se stesso. Ed è ciò che, anche nella scuola, si precisa come maturità: elevazione alla propria responsabilità»[9].

> Educare è realizzare una realtà in cui l'individuo, nelle relazioni brevi e in quelle lunghe, sia certo di vedere riconosciuti e rispettati i propri diritti. È in questa espansione dell'orizzonte di riferimento che trova la sua collocazione più propria il dialogo tra pedagogia e politica: è necessario che la pedagogia operi per il superamento del disagio, della paura e del rifiuto nei confronti dell'altro, unico modo di evitare ciò che nega l'autenticamente umano: la violenza. Chi detiene compiti educativi, deve operare per la costituzione di una società multietnica e multiculturale[10].

Quando parliamo di pedagogia in questa sede, quindi, ci riferiamo alla pedagogia sociale, che in chiave moderna si traduce in quel rapporto tra politica e pedagogia che diventa oggetto di ricerca per una riforma del welfare.

Tornando al concetto di welfare, e alle sue evoluzioni, oggi si è sviluppato sempre più il concetto di Welfare State, tradotto con i termini Stato sociale. È ovviamente una visione abbastanza ampia del concetto di welfare. Infatti, mentre per State s'intende letteralmente il concetto di Stato, e anche i rispettivi significati in lingua non differiscono per nulla, per quanto riguarda welfare la questione diviene più complessa. Abbiamo già sviscerato i riferimenti etimologici e la nascita del termine.

[8] Ivi, p. 20.

[9] G. Flores d'Arcais, *Il magistero come responsabilità*, "Rassegna di Pedagogia", n.1, 1941, p. 31.

[10] G. Elia, *Pedagogia e politica. Convergenze e divergenze disciplinari nella prospettiva di un'educazione alla politica*, cit., p. 32.

Il termine welfare indicava già uno stato, una rielaborazione di politica governativa: perché riformularlo aggiungendoci il termine state? Molti studiosi hanno risposto all'interrogativo facendo riferimento alla questione culturale: il senso laburista del secondo Dopoguerra non è ascrivibile alla cultura italiana, francese, tedesca, ecc. In realtà questa risposta esaurisce solo in parte l'interrogativo e non spiega perché poi sia stato modificata anche dalla stessa cultura britannica la definizione di Welfare State in sostituzione del solo welfare. La risposta, evidentemente, è contenuta nell'evoluzione pratica delle politiche di welfare, e nella testimonianza fornitaci dalle culture del Nord Europa.

Ad esempio, la storia norvegese degli anni Ottanta del Novecento, rappresenta una testimonianza provata della necessità di ridefinire le politiche di Welfare State come politiche sociali, di assistenza dello Stato alle fasce sociali più deboli, alle persone con deficit, alle famiglie in difficoltà. Questo, è stato il modello per eccellenza del welfare europeo. Si pensi ai trattati europei e ai passaggi in essi contenuti: si parla sempre più, da quello di Maastricht del 1992 a quello di Nizza del 2001, passando per Amsterdam (1997), di assistenza a soggetti che necessitano, che sono in difficoltà. Sarà solo col trattato di Lisbona del 2007-2009 che comincerà a scricchiolare il concetto di welfare assistenzialista che per oltre vent'anni ha caratterizzato l'Europa.

Si può comprendere, quindi, come non sia solo la pedagogia a essere strutturalmente aperta al futuro e dunque ad avere l'obbligo di una concreta operatività. La politica, la stessa economia, specie in un paese come il nostro, così poco attestato su livelli anche economici convincenti ed equi, hanno o dovrebbero avere, le medesime propensioni ed aperture. Da dove nasce quindi questo rapporto privilegiato tra pedagogia e politica? È possibile affermare che tale rapporto si fondi su due basi fondamentali: la prima può essere identificata nel riconoscimento dell'esistenza di una profonda crisi di rapporti tra le forze politiche istituzionali, partiti politici in prima istanza, e lo Stato sociale, la massa di cittadini. Una crisi che segnala un sempre più profondo distacco tra queste due realtà, e che non può più essere considerata crisi passeggera o soltanto superficiale. Va, invece, considerata come un fenomeno di vaste proporzioni, assai preoccupante anche oltre ogni ragionevole enfatizzazione del pensiero. La seconda, invece, consiste nell'affermazione che per risolvere i problemi di una comunità, di una società caratterizzata dalla presenza di ampie zone di sottosviluppo economico, non basta occuparsi della dimensione economica. «Quest'ultima è certamente necessaria e indispensabile, ma se non viene in un certo senso declinata con fattori socioculturali e persino psicologici, dunque con fattori gestiti prevalentemente in chiave pedagogica, o forse sarebbe meglio dire psico-socio-pedagogica, non offre soluzioni capaci di perdurare nel tempo, né completamente convincenti»[11].

Esempio di un simile fallimento si è verificato in una certa politica adottata nel Mezzogiorno, dove come sappiamo in passato vi è stato il tentativo di imporre imprese industriali di grandi proporzioni, che venivano da lontano, senza che tale tentativo sia stato accompagnato da un contemporaneo sforzo di leggere e di gestire le caratteristiche sociali e culturali del territorio di riferimento.

> Ma l'esempio più calzante e più produttivo è rappresentato dall'esperienza del cosiddetto welfare state che è stato impostato ed interpretato, nel nostro caso, soprattutto come uno stato di tipo assistenziale, la cui crisi generalizzata, da tutti segnalata, mostra con chiarezza, e direi per contrasto, l'importanza della presenza operativa di una stabilità e di una autentica competenza pedagogica[12].

La politica di Welfare State nel nostro paese non è stata realizzata con la stessa sistematicità, con la stessa serietà, con cui è stata, invece, perseguita in altri paesi, soprattutto europei, se è vero, com'è vero, che moltissimi sono stati i problemi non risolti; e se è vero, com'è vero, che molte, troppe sono rimaste le ingiustizie, le sperequazione sociali e regionali.

Inoltre, la crisi del Welfare State se è stata legata a motivi economici correlati, come tutti sappiamo, alla grande crisi che ha colpito, sia pure in modo molto differenziato, tutti i paesi industrializzati e non solo quelli, altrettanto certamente essa va ricondotta a motivi culturali o addirittura francamente pedagogici. «Il modello del Welfare State, almeno come è stato realizzato in Italia, è stato un modello sostanzialmente eteronomo, nel senso che la concezione del bene comune che sta alla base di questo sistema, non è stata formulata dai protagonisti della società, dai cittadini o dalla maggioranza dei cittadini, ma è stata, piuttosto, formulata dai cosiddetti esperti che, poi, rappresentavano spesso gli interessi o, almeno, i punti di vista e le convinzioni della classe dirigente»[13]. Si è creato, così, un innesco per la più ovvia delle conseguenze: una logica

[11] P. Bertolini, *La responsabilità educativa*, cit., p. 37.
[12] Ivi, p. 38.
[13] Ivi, p. 39.

sostanzialmente passivizzante, di tipo nettamente assistenzialistico che, com'è facile capire, è l'esatto opposto di ogni autentica politica di sviluppo e di promozione sociale.

Ripartire dalla persona, oltre ogni stratificazione socioculturale che mira a spostare il focus di analisi su piani sostanzialmente politici, amministrativi ed economici, potrebbe rivalutare il senso di una ricerca pedagogica che miri a ridefinire l'idea di Stato sociale, alla luce anche dei cambiamenti così immediati che caratterizzano la società post moderna. Una nuova pedagogia sociale che, sulla scorta dello statuto epistemologico, diventi un nuovo laboratorio dell'esperienza, costruendo secondo una nuova prospettiva nuovi modelli educativi in grado di ridefinire il senso stesso di welfare. È chiaramente superata l'idea che voleva la pedagogia sociale come una scienza che si occupa solo di gruppi e di comunità, e si va, a ragione, verso un nuovo percorso che vuole ridefinire la scienza come capace di studiare in profondità le persone nelle loro differenze, caratterizzazioni, motivazioni, tentando di ricostruire possibilità di riaggregazione sociale attorno a obiettivi comuni. Per fare questo è necessario ripartire dallo studio delle persone e delle loro storie di vita.

3.2 *Welfare assistenzialista e welfare di sostegno alla persona*

I diversi regimi statali che storicamente si sono alternati contengono, ovviamente, alcuni limiti nell'interpretazione della complessa e variegata realtà dei numerosi Welfare State esistenti. Tuttavia hanno il pregio, sia da un punto di vista politico che propriamente pedagogico, di aver portato a una nuova elaborazione delle tipologie dello Stato sociale attraverso la considerazione di aspetti teorici innovativi oppure attraverso nuove prospettive comparative[14].

Questa nuova interpretazione della realtà osservata, specificatamente in chiave analitica, è divenuta un punto di origine per successive analisi di studiosi che hanno così avuto l'opportunità di tracciare nuovi sentieri di riflessione, dal contesto di definizione delle modalità secondo cui le società declinano i principi generali del Welfare State fino

[14] In merito alle teorie interpretative e comparative riguardanti le politiche sociali si rimanda a M. Hill, *Le politiche sociali. Un'analisi comparata*, il Mulino-Prentice Hall International, Bologna 1999 (ed. or. *Social Policy: A Comparative Analysis*, Prentice Hall, London 1996).

a sviluppare una idea rivoluzionaria dello stesso. Per queste ragioni, quindi, poniamo al centro della nostra analisi il principio weberiano della avalutatività (*die Wertfreiheit*) col quale potremmo pianificare un approccio metodologico necessario a far sì che la descrizione analitica della realtà sia resa scevra da qualsiasi elemento valoriale. Infatti, l'assenza dei giudizi di valore è carattere indispensabile per lo studio dei fatti sociali intesi come prodotti di un determinato contesto storico, sociale e culturale[15].

Esistono, però, differenti livelli di protezione sociale garantiti dagli Stati alle differenti categorie di beneficiari che, per alcuni aspetti, hanno determinato la creazione di una forma di solidarietà sociale e di assistenza fondata su un concetto di famiglia intesa come ammortizzatore di rischi e bisogni. Naldini ha definito questo modello, tipico dei paesi dell'Europa meridionale, «Modello delle solidarietà familiari e parentali»[16] che funzionerebbe unicamente in presenza di forti vin-

[15] Weber, in riferimento al principio di avalutatività delle scienze sociali, parla di politeismo dei valori riferendosi a quel principio secondo cui la scienza può intervenire per rendere più chiari i fini impliciti dell'agire razionale, ma non li può assolutamente mettere in discussione perché essi devono pur sempre essere considerati dallo studioso come «una questione di fede». Alla luce di ciò, la vita verrebbe concepita come una continua lotta tra una pluralità di valori irriducibili l'un l'altro sui quali le scienze sociali non possono emettere alcun giudizio di valore. Il principio di avalutatività si presenterebbe perciò come la capacità, di carattere logico, di distinguere ciò che è da ciò che dovrebbe essere, il conoscere dal valutare, i giudizi di fatto dai giudizi di valore, «cioè tra il compimento del dovere scientifico di vedere la verità dei fatti ed il compimento del dovere pratico di difendere i propri ideali», secondo un principio etico-pedagogico che impone la strenua difesa della libertà, valore intrinseco delle scienze e delle professioni intellettuali, da tutte quelle deformazioni demagogiche che subordinerebbero l'onestà intellettuale ai fini propagandistici di ideali politici, religiosi, ecc.

[16] M. Naldini ha approfondito l'analisi dei rapporti tra Welfare State e famiglia nel contesto mediterraneo attraverso la comparazione delle politiche sociali ad essa rivolte in Italia, Grecia, Spagna e Portogallo. Ne è emersa la ridotta valenza degli interventi di protezione e di cura nei confronti delle famiglie, situazione che ha determinato un incremento dell'importanza dei legami familiari intergenerazionali che avrebbero contestualmente posto in discussione la tradizionale elaborazione delle politiche sociali. Queste, di fatto, verrebbero condizionate ed influenzate da un contesto familiare, ma anche sociale, caratterizzato dalla compresenza della figura del maschio che riveste il ruolo di procacciatore di risorse (male breadwinner) e della donna col suo lavoro di cura non retribuito (female homemaking). Naldini sottolinea il cambiamento della strutturazione familiare dovuto a un'economia che ha determinato l'emergere di modelli familiari di tipo dual earner o dual breadwinner in cui le

coli familiari o parentali a carattere intergenerazionale e lungo tutto l'arco della vita. In questa sede, è bene evidenziare, si intende per *solidarietà* la «categoria morale che, com'è noto, si fonda sulla capacità di pratiche volte a prestare il proprio aiuto, o la propria partecipazione emotiva, ai disagi e alle sofferenze di altri esseri umani»[17].

Tra i numerosi caratteri che distinguono le esperienze di welfare dei paesi sud-europei, faremo riferimento a due aspetti specifici: il primo riguarda un carattere rivoluzionario del percorso di creazione del Welfare State, riconducibile al periodo in cui, tra gli anni Settanta e Ottanta, Spagna, Portogallo, Grecia e Italia per primi istituirono un servizio sanitario nazionale a vocazione universale, cioè garantito in virtù dei soli diritti di cittadinanza e l'attuazione di questi interventi è un fattore rilevante di comunanza tra i paesi dell'Europa mediterranea per giungere alla denominazione di un comune modello di welfare; il secondo aspetto è la forte presenza di una tradizione a carattere particolaristico nella gestione del welfare, sia da un punto di vista relativo alle prestazioni, con frodi o clientelismi[18], sia da un punto di vista contributivo, con le evasioni fiscali. Il quadro che si definisce appare condizionato in maniera considerevole da una organizzazione delle istituzioni facilmen-

distinzioni di genere verrebbero annullate da un mercato del lavoro che incoraggia a farvi parte sia gli uomini sia le donne. All'interno di questo scenario, i rapporti interni ai nuclei familiari vengono ridiscussi e ridisegnati, allargando nella pratica quotidiana il principio di solidarietà familiare anche in termini temporali, estendendola cioè anche a rapporti intergenerazionali per far fronte alla sempre più frequente assenza della tradizionale figura di female homemaking. Questa estensione, sia pratica sia concettuale, consentirebbe di introdurre nuovi elementi per l'interpretazione delle dinamiche sociali che, in alcuni casi silenziosamente, intervengono nel colmare le lacune di cura lasciate, o create, da politiche sociali inadeguate. In merito al concetto di modello delle solidarietà familiari e parentali elaborato da Naldini si rimanda a M. Naldini, *Le politiche sociali e la famiglia nei paesi mediterranei. Quale prospettiva per un'analisi comparata?*, in "Stato e Mercato", 1, 2002, pp. 73-99. Inoltre, della stessa autrice e sullo stesso argomento si vedano, *The Family in the Mediterranean Welfare State*, Frank Cass, London-Portland 2003; *Le politiche a sostegno delle responsabilità familiari nei casi storici italiano e spagnolo. Un concetto esteso di dipendenze familiari*, in "Inchiesta", numero monografico su, su *Genere e povertà*, a cura di F. Bimbi ed E. Ruspini, 30, 2000; *Le politiche sociali in Europa. Trasformazione di bisogni e risposte di policy*, Carocci, Roma 2006.

17 G. Elia, *Prospettive di ricerca pedagogica*, cit., p. 20.

18 Col termine clientelismo intendiamo «il sistema di rapporti tra persone, basato sul favoritismo e sul soddisfacimento di interessi particolari, a scapito di superiori esigenze pubbliche o collettive». Voce *Clientelismo*, in *Grande Enciclopedia De Agostini*, Istituto Geografico De Agostini, Novara 1992, vol. VI, p. 500.

te manipolabile dagli interessi organizzati (pensiamo ai partiti politici o alle lobbies); inoltre, i lunghi periodi di dittatura che hanno caratterizzato la recente storia di questi paesi hanno determinato la presenza e la persistenza di questo fenomeno.

Quindi, per completare il quadro riguardante i regimi internazionali di welfare composto da regime liberale, regime conservatore-corporativo e regime socialdemocratico, lo studioso Ferrera propone il regime sud-europeo appena esposto, con la sua connotazione di tipo geografico e non politica come per gli altri. Inoltre, in aggiunta a questi quattro, l'autore affianca anche un modello riferito alla quinta «Europa sociale», composta da tutti i paesi dell'ex blocco comunista che sono entrati a far parte dell'Unione Europea nel 2004. I nuovi membri si trovano ad affrontare ora una duplice sfida che riguarda la costruzione o il consolidamento di una stabile economia di mercato e, al contempo, di un maturo sistema democratico, declinato anche in termini di uno stabile sistema di welfare[19].

I modelli elaborati dallo studioso Maurizio Ferrera vengono a definirsi in base alle "selettività" messe in atto dagli stessi welfare descritti nell'opera di diffusione dei vantaggi e dei servizi a determinate categorie di persone prima di altre. Difatti, mentre i regimi definiti da Esping-Andersen, ai quali si aggiungono le due "Europe sociali" descritte da Ferrera, fanno riferimento ai concetti di destratificazione e demercificazione, e nello specifico ai loro gradi di presenza nei sistemi di welfare nazionali[20], le categorizzazioni dello studioso italiano tendono a porre il nucleo della questione interpretativa in concomitanza con le modalità attuate dalle istituzioni nel limitare l'accesso alle prestazioni a determinati gruppi sociali, in questo caso organizzati in base all'occupazione. Secondo Ferrera, infatti, la rivalutazione del cosiddetto principio di selettività, anche in contesti di welfare universalistico, è frutto dell'emergere in modo palese della crisi del sistema di finanziamento del Welfare State che ha portato, conseguentemente, così come teorizzato anche dallo stesso Bertolini, alla necessità di evitare la dispersione di risorse e di contenere le spese, così da poter

[19] Per un ulteriore approfondimento si veda M. Ferrera, *Modelli di solidarietà. Politica e riforme sociali nelle democrazie*, il Mulino, Bologna 1993; M. Ferrera, *Il modello Sud-europeo del welfare state*, in "Rivista Italiana di Scienza Politica", 1, 1996; M. Ferrera, *Le politiche sociali*, il Mulino, Bologna 2006.

[20] Per un ulteriore approfondimento sulle teorie e i modelli di welfare teorizzati si rinvia a G. Esping-Andersen, *The Three Worlds of Welfare Capitalism*, cit.

garantire il sostegno necessario a chi non è autosufficiente o a chi si trova in un momentaneo stato di indigenza[21].

Il cosiddetto *targeting* è divenuto, nell'ultimo decennio, un elemento chiave nell'elaborazione delle politiche sociali e ha attraversato, con differente intensità, tutti i modelli precedentemente esposti. Fanno eccezione i welfare scandinavi che, in virtù di una robusta impalcatura di tipo universalistico storicamente consolidata, riescono a esserne quasi completamente immuni. Essi, di fatto, limitano la presenza di fenomeni di selettività solo in termini di declinazioni comunitarie, tendenti a consolidare il benessere dell'intera popolazione secondo la radicata cultura della "casa di tutti" e non solo dei bisognosi. In Gran Bretagna, diversamente, l'applicazione dei *means-test* nella selezione dei fruitori dei servizi ha portato al manifestarsi di alcuni effetti collaterali. Nello specifico avviene la somministrazione di un test di selezione incentrato sull'individuazione di indizi di povertà effettiva che, successivamente, vengono automaticamente interpretati come qualcosa di stigmatizzante, rendendo così più difficoltoso un eventuale percorso di inserimento sociale. Inoltre, lo *stigma* derivante dall'utilizzo dei servizi o dei benefici comporta, conseguentemente, a veicolare nella popolazione l'idea di non richiedere tali modelli di assistenza, generando quel fenomeno che è stato definito di *take-up* (non utilizzo) delle risorse.

Le distorsioni nell'attuazione di efficienti politiche sociali nei paesi mediterranei che compongono la quarta Europa sociale sono legate, anche in questo caso, alla natura poco weberiana dello Stato, ovverosia scarsamente riconducibile a quei principi di efficienza, razionalità ed efficacia che, secondo Weber, dovrebbero caratterizzare incondizionatamente l'azione di governo[22]. È proprio in questi contesti che, la particolare gestione degli strumenti istituzionali di amministrazione dei beni collettivi, che a volte si caratterizza secondo idee clientelari e personalistiche, tende a creare un ambiente adatto ad azioni fraudolente nella destinazione delle risorse comuni, mentre il principio di selettività delle

[21] Cfr. M. Ferrera, *Le trappole del welfare*, il Mulino, Bologna 1998.

[22] Più volte nelle sue riflessioni Weber sostiene che la razionalità non può indicare i fini ultimi verso cui gli uomini dovrebbero tendere, perché questi sono stabiliti e determinati in base a princìpi legati alla morale, all'etica, al credo religioso. La ragione può, piuttosto, fornire gli strumenti più adeguati per raggiungere tali obiettivi. Inoltre, secondo l'autore esisterebbe un sentimento di adeguatezza dei mezzi utilizzati dall'attore che conferirebbe a questi razionalità, che perciò non dipenderebbe più dalla loro effettiva adeguatezza rispetto al raggiungimento degli obiettivi.

politiche sociali necessita di un contesto in cui sia possibile applicare metodi standard e replicabili per la valutazione dei mezzi individuali.

A tal proposito s'inserisce quella nuova idea, tutta italiana, e per certi versi pugliese, di aiuto considerato non più e non solo come assistenza, secondo la valutazione del grado di necessità e del livello di povertà, ma più propriamente di sostegno alla persona, non più entità astratta o gruppo famiglia. È indubbio, però, che l'esperienza italiana parta da più lontano e che, giocoforza, l'idea di sostegno sia una evoluzione, più o meno naturale, di un welfare votato certamente ai fondamenti dell'assistenza e della cittadinanza. Esiste, infatti, un quadro storico importante che è la genesi dell'idea di Stato sociale e che, in un lavoro di ricerca, non può essere trascurato. In Italia, il panorama relativo alle politiche sociali nei decenni a cavallo del 1900 era caratterizzato da due differenti realtà che convivevano e che per certi versi caratterizzano anche l'era post moderna: il Mezzogiorno, retto da un'economia quasi unicamente fondata sulla produzione agricola, e il Nord Italia in cui si palesavano i primi esempi di una produzione industriale che comunque stentava a decollare. Questa sensibile differenza tra le due macro regioni italiane fu un ostacolo all'elaborazione di teorie e pratiche previdenziali e assistenziali nazionalistiche e portò alla conseguente prevalenza di istituzioni private assistenziali cattoliche, denominate Opere Pie, a discapito della creazione di un sostrato di pensiero comune e diffuso sulla necessità di istituire una struttura previdenziale più omogenea a livello nazionale.

Con la Legge Crispi del 1890[23], l'allora nascente governo italiano si proponeva di intervenire e riordinare il complesso sistema di Opere Pie, attribuendo loro personalità giuridica pubblica e denominandole Istituti Pubblici di Beneficenza, in seguito rinominate IPAB nel 1923. L'intervento normativo aveva il fine specifico di regolare la costituzione, il funzionamento e l'estinzione delle istituzioni cattoliche di assistenza, inoltre laicizzò parzialmente le IPAB introducendo la nomina pubblica nei consigli di amministrazione, il controllo dei bilanci da parte dello Stato e l'obbligo di investire i patrimoni in titoli di Stato o immobili. Questa situazione si mantenne fino al 1988 quando una sentenza della Corte Costituzionale dichiarò anticostituzionale l'art. 1 della Legge Crispi[24] perché non prevedeva la possibilità che le IPAB assu-

[23] Legge 6972/1890, *Norme sulle istituzioni pubbliche di assistenza e beneficenza.*
[24] Sentenza n. 396 della Corte Costituzionale, 7 aprile 1988.

messero la personalità giuridica di ente privato[25]. Alla luce di ciò, appare evidente che i primi tentativi istituzionali di creare un sistema assicurativo nazionale vennero contrastati da tre linee di forza differenti, dalle azioni politiche e sociali di tre soggetti portatori di interessi ideologici o politici che contribuirono, forse in taluni casi inconsapevolmente, a determinare il forte ritardo nei processi di inclusione delle categorie lavoratrici: i capitalisti e i latifondisti, gli operai e i braccianti, il Vaticano.

Fu così che, a causa dell'influenza esercitata da questi gruppi di potere, si determinò il fallimento del tentativo italiano di definire le prime modalità operative per l'esercizio di una politica assicurativa che comprendesse nel proprio intervento tutti i braccianti agricoli. Il sistema assistenziale informale, la lontananza percepita con le istituzioni pubbliche e l'ormai diffuso principio di sussidiarietà dell'intervento d'aiuto sostenuto e promosso dagli organismi caritatevoli della Chiesa cattolica, complici anche gli interessi dei gruppi di potere che agivano direttamente sulle scelte delle classi operaie, generarono un panorama in cui si rese impossibile la creazione di un sistema assicurativo maggiormente diffuso, ma soprattutto accettato ed apprezzato per l'innovativo contenuto ideologico insito. La prima svolta storica si ebbe a cavallo del primo Dopoguerra, quando l'Italia veniva attraversata da una crisi politico-istituzionale assai grave, frutto del disastroso esito della Prima Guerra Mondiale. Il bagaglio di numerose vittime, la distruzione delle infrastrutture e delle città, l'aumento vertiginoso dell'inflazione e della disoccupazione contribuirono alla determinazione del contesto più adeguato per intraprendere una riflessione collettiva sulla possibilità e sulla necessità di costruire un nuovo sistema di protezione sociale, che guardasse al cittadino persona e alla sua dignità.

Nei primi anni del Novecento, e più precisamente nel 1917, il governo italiano decise di istituire una speciale Commissione di studio per l'assicurazione di malattia che aveva il compito di stilare un progetto per l'istituzione di un sistema sanitario pubblico che avesse anche la gestione e l'amministrazione diretta delle strutture ospedaliere ove

[25] Successivamente, il D.P.C.M. 16 febbraio 1990 ha indicato i criteri per la conversione delle IPAB in enti privati attraverso la partecipazione significativa, e non più maggioritaria, dei soci nel consiglio di amministrazione, contemplando una presenza puramente integrativa e non più prevalente delle prestazioni volontarie e, infine, determinando la sostanziale modifica del patrimonio, costituito ora in prevalenza, e non più in forma esclusiva, dalle donazioni e dai contributi dei soci.

erogare le prestazioni richieste[26]. Nel 1919, quindi, venne istituita la Commissione Rava che aveva quale fine quello di progettare un sistema globale di assicurazione obbligatoria per i rischi derivanti dalle attività lavorative. Il progetto proponeva alcuni punti essenziali: assicurazione obbligatoria per tutti i lavoratori dipendenti e indipendenti il cui reddito non superasse un determinato limite, e per tutti coloro che erano inseriti nell'assicurazione per gli infortuni sul lavoro e la maternità; copertura assicurativa relativa a inabilità temporanea, invalidità e morte per cause di lavoro, disoccupazione involontaria; prestazioni obbligatorie che comprendevano: gli interventi minimi per il risarcimento del danno alla famiglia, cioè: assistenza medica a tutta la famiglia; speciale assistenza durante maternità, puerperio e allattamento; un risarcimento per inabilità temporanea e per disoccupazione involontaria pari alla metà del salario, decrescente nel tempo fino al minimo dell'indennità per invalidità ma pur sempre in relazione all'onere della famiglia; in caso di morte garantire un sussidio funerario, una rendita temporanea per i figli fino all'età lavorativa e un sussidio alla vedova se priva di altri mezzi; favorire l'assicurazione facoltativa anche per persone non obbligate all'assicurazione[27].

Cominciava così a delinearsi la strada che sembrava portare verso forme di Welfare State senza paragoni in termini di copertura della popolazione e di organizzazione delle infrastrutture tecniche ed amministrative. La venuta del regime fascista, però, pose grandi ostacoli alla realizzazione di tali principi, con drastiche modificazioni alla struttura assicurativa e assistenziale esistente fino ad allora creata in Italia, e impedendo l'implementazione dei principi universalistici e delle linee operative dei programmi elaborati dai governi negli anni precedenti. Il fascismo incrementò la frammentazione dei modelli assistenziali categoriali, attuando provvedimenti selettivi legati a singole e circoscritte categorie di lavoratori, alcune delle quali vennero duramente penalizzate, come per esempio le categorie dei lavoratori agricoli, al fine di rafforzare il potere economico dei grandi proprie-

[26] Si fa riferimento, più precisamente, alla creazione di strutture ospedaliere gestite direttamente dallo Stato, finalità per la quale era prevista anche la requisizione degli istituti privati; si tratta di un aspetto assolutamente innovativo in ambito di Welfare State, giacché mai prima di questo momento in nessuna nazione europea qualcuno aveva avuto l'ambizione di realizzare un simile progetto su scala nazionale.

[27] Cfr. Commissione Reale per il Dopoguerra, *Studi e proposte della prima sottocommissione*, Tipografia Artigianelli, Roma 1920.

tari terrieri e di consolidare pertanto lo status quo e le differenze di classe[28]. In pratica, il risarcimento del debito contratto con i latifondisti, che appoggiarono e sostennero l'ascesa del regime, si tradusse sostanzialmente nell'esclusione dell'intero settore agricolo dai piani previdenziali contro la disoccupazione e nell'abolizione della copertura pensionistica per mezzadri e coloni.

Il Welfare State in Italia viene, dunque, a delinearsi in una scena caratterizzata da tendenze di frantumazione occupazionale nel settore pensionistico e tentativi di creare un sistema di assistenza sanitaria il più universalistico possibile. Nei trent'anni circa che separarono la nascita della Repubblica Italiana dalla creazione del Sistema Sanitario Nazionale, il dibattito politico sui temi inerenti il sistema previdenziale si incentrò sostanzialmente su diatribe di carattere ideologico fra gli opposti schieramenti, secondo traiettorie argomentative tendenzialmente astratte e sostanzialmente prive di una reale proiezione nella realtà dei fatti. Lo scenario che si presentava era molto complesso, con numerosi ambiti di conflitto e terreni di recriminazioni reciproche invece che di contrattazione e di condivisione di intenti. Questo quadro sociale, economico e politico, però, si è poi rivelato essere estremamente fertile per la nascita di idee innovative ed innovatrici, capaci di far fruttare la drammaticità delle conseguenze sociali della guerra al fine di ideare nuovi percorsi di diffusione del benessere, soprattutto con la stesura della Carta Costituzionale: «È compito della Repubblica rimuovere gli ostacoli di ordine economico e sociale, che, limitando di fatto la libertà e l'eguaglianza dei cittadini, impediscono il pieno sviluppo della persona umana e l'effettiva partecipazione di tutti i lavoratori all'organizzazione politica, economica e sociale del Paese»[29], recita l'articolo 3 della Costituzione italiana, al quale si fa eco l'articolo 38 specificando che «Ogni cittadino inabile al lavoro e sprovvisto dei mezzi necessari per vivere ha diritto al mantenimento e all'assistenza sociale»[30].

Lo Stato italiano, perciò, visto quanto su brevemente riportato, assunse una posizione di responsabilità nei confronti della concreta realizzazio-

[28] In merito alle riforme del sistema assicurativo nazionale attuate dal regime fascista si rimanda a M. Salvati, *Il regime e gli impiegati. Nazionalizzazione piccolo-borghese negli anni del fascismo*, Laterza, Roma-Bari 1992.

[29] Costituzione Italiana, Principi Fondamentali, art. 3, comma 2, <http://www.governo.it/Governo/Costituzione/principi.html>.

[30] Costituzione Italiana, Parte prima – Diritti e Doveri dei Cittadini, Titolo III – Rapporti Economici, art. 38, comma 1, <http://www.governo.it/Governo/Costituzione/1_titolo3.html>.

ne di tale principio. Nel 1945, infatti, l'allora Ministero della Costituente presieduto da Nenni istituì la Prima Commissione per lo studio del problema del lavoro, sotto la guida di Pesenti. I lavori di questa commissione aprirono la strada, nel 1947, alla Seconda Commissione per lo studio del problema del lavoro, presieduta dal socialista Ludovico D'Aragona e questa volta all'interno del Ministero del Lavoro. La cosiddetta Commissione D'Aragona iniziò i propri lavori partendo da un presupposto ideologico innovativo per il panorama italiano del secondo Dopoguerra, proponendo quale fondamento concettuale quella che potrebbe essere considerata come la domanda principale del percorso di definizione delle politiche sociali, ovvero chi dovrebbe effettivamente beneficiare della previdenza sociale. L'idea di fondo del Piano D'Aragona era, sostanzialmente, quella di estendere i diritti previdenziali a tutti i cittadini, definendo le differenze di trattamento esistenti tra le diverse classi lavoratrici come un qualcosa di oramai inaccettabile, e più precisamente apre ad alcuni passaggi essenziali quali: l'estensione della copertura a tutti i lavoratori e i familiari, senza limiti di reddito; l'istituzione di un unico ente previdenziale per tutti i lavoratori; l'istituzione di una assicurazione contro un numero sempre maggiore di rischi con erogazione di prestazioni economiche e di servizi; infine, un sistema di calcolo delle prestazioni economiche erogabili legato alle retribuzioni o ai redditi, attraverso l'applicazione di aliquote decrescenti e senza massimali. Le criticità del contesto culturale italiano, oltre alla crescente frammentazione sociale della popolazione, misero presto a nudo tutte le lacune di un simile piano, rendendo pressoché fallimentari i tentativi pur coraggiosi del Ministero dell'epoca.

Nel frattempo, il servizio sociale italiano cresceva sempre più, e la domanda di centri e scuole di istruzione specifiche[31] diedero nuova linfa

[31] Per un approfondimento sulla storia del servizio sociale si rimanda a R. Bernocchi, *Le scuole di servizio sociale in Italia. Aspetti e momenti della loro storia*, Fondazione Zancan, Padova 1984; B. Bortoli, *Teoria e storia del servizio sociale*, Carocci, Roma 1997; F. Martinelli, *Gli assistenti sociali nella società italiana*, Istiss, Roma 1965; A. Florea, *L'assistente sociale: analisi di una professione*, Istiss, Roma 1966; F. Ferrarotti, *Servizio sociale ed enti pubblici nella società italiana in trasformazione*, Armando, Roma 1965; P. Grigoletti Butturini, *Quadro istituzionale e lavoro degli operatori sociali: evoluzione storica ed interrelazioni*, in L. Bernardi, *Composizione e organizzazione del lavoro sociale, Scuole di Servizio Sociale di Venezia e Verona*, Montorio (Vr) 1980; M. Dellavalle, A. Tassinari, *Scuole di servizio sociale e servizi: una collaborazione feconda*, in "La Rivista di Servizio Sociale", 4, 1999; G. Gariazzo, *L'esordio del servizio sociale in Italia tra sollecitazioni americane ed esigenze nazionali*, in "La Rivista del Servizio Sociale", 4, 1999; P. Ferrario, *Politica dei servizi sociali. Strutture, trasformazioni, legislazione*, Carocci, Roma 2001; E. Neve, *Il servizio sociale. Fon-*

all'idea italiana di assistenza sociale fino agli anni Sessanta. Infatti, proprio negli anni Sessanta, riemerse l'interesse politico verso i temi riguardanti lo studio e le riforme del sistema previdenziale con, ad esempio, l'istituzione all'interno del Consiglio Nazionale dell'Economia e del Lavoro (CNEL) della Commissione Lavoro, Previdenza Sociale e Cooperazione. Questa nuova formazione redasse e pubblicò, nel 1963, due differenti rapporti dal titolo *Relazione preliminare sulla riforma della previdenza sociale* e *Osservazioni e proposte sulla riforma della previdenza sociale*[32]. In questi lavori è racchiuso l'insieme di tutte le condizioni in cui il sistema previdenziale italiano si trovava subito dopo la fine del secondo conflitto mondiale e vengono riportate, inoltre, alcune riflessioni a carattere generale sui possibili ambiti di intervento in materia previdenziale[33].

Il Welfare State, così definito, raggiunse il proprio apice durante gli anni Ottanta, con il contemporaneo manifestarsi dei primi limiti attuativi e gestionali nella programmazione e nella sostenibilità a lungo termine, per favorire invece interventi dai caratteri temporanei e finalizzati al soddisfacimento momentaneo di istanze particolaristiche: «il welfare è diventato vittima del suo stesso successo poiché c'è stata un'esplosione della domanda sociale e lo Stato, da solo, non è stato più in grado di essere l'unico garante del soddisfacimento dei bisogni sociali»[34].

Il vero problema è da ricercarsi nella gestione burocratizzata delle politiche sociali che, progressivamente, spersonalizza i servizi riducendoli

damenti e cultura di una professione, Carocci, Roma 2003; M. Diomede Canevini, *Storia del servizio sociale*, in M. Dal Pra Ponticelli (a cura di), *Dizionario di Servizio Sociale*, Carocci, Roma 2005.

[32] Cfr. Consiglio Nazionale dell'Economia e del Lavoro (CNEL), *Relazione preliminare sulla riforma*, Roma 1963; Consiglio Nazionale dell'Economia e del Lavoro (CNEL), *Osservazioni e proposte sulla riforma della previdenza sociale*, Roma, 1963.

[33] Per un approfondimento maggiore si rinvia alla Riforma Ospedaliera del 1968, la cosiddetta Legge Mariotti (Legge 132/1968), con la quale si sancì l'istituzione degli enti ospedalieri e si introdusse ufficialmente il diritto di tutti i cittadini italiani a un livello base di assistenza sanitaria. Inoltre si guardi anche la Legge 382 del 1973, che conferì al governo il potere di delega alle Regioni per ciò che concerneva le materie e le competenze sanitarie, provvedimento normativo già contemplato dalla Legge 132/1968 ma mai attuato per via dell'assenza di strutture regionali di gestione, e la Legge 833/1978 che sancì la creazione del sistema di Servizi Sanitari Nazionale, con la conseguente estensione a tutti i residenti del diritto all'assistenza farmaceutica, medico generica e specialistica, cosicché la copertura sanitaria universalistica divenne concretamente realtà per tutta la popolazione italiana.

[34] M. Sibilla, *Le politiche sociali nel dibattito teorico contemporaneo*, in "Politiche Sociali e Servizi", n. 2, 2006, p. 241.

a semplici strumenti meccanici di gestione dei bisogni sociali codificati; questo determina un duplice risultato in seno alla società civile: da un lato porta alla cronicizzazione dell'indifferenza del cittadino nei confronti delle politiche riguardanti il benessere collettivo, dall'altro contribuisce a far emergere e a rendere palese un rinnovato sentimento di partecipazione civile alle dinamiche della propria comunità di appartenenza.

Per le ragioni su elencate, le istituzioni pubbliche hanno affrontato la sfida presentata dalla crisi di governabilità che ha condizionato l'agire delle politiche sociali durante gli scorsi decenni attraverso i percorsi di decentralizzazione e territorializzazione amministrativa che hanno caratterizzato ultimamente l'azione governativa[35]. È un processo di lenta e costante erosione delle posizioni intermedie che non permettono un'analisi attenta delle reali problematiche, prima fra tutte la precarietà lavorativa. Come evidenzia Robert Castel il focus è da rintracciare nel progressivo indebolimento della famiglia, sia da un punto di vista educativo che sul piano economico; in questo quadro si genera, perciò, una perdita graduale di densità delle reti familiari[36].

Per queste ragioni risulta di fondamentale importanza riprendere il discorso riguardante le riforme delle politiche sociali partendo dall'esempio riveniente dalla pedagogia di stampo personalistico riproponendo al centro del discorso la persona, andando oltre la dimensione economica e politica propria del welfare assistenzialista che, storicamente, ha ampiamente dimostrato i propri limiti e le indiscutibili criticità.

[35] Per un approfondimento sull'argomento si rinvia a A. Ardigò, *Crisi economica e welfare state: tre interpretazioni e una speranza*, in "La Ricerca Sociale", 15, 1976; A. Ardigò, *Dallo stato assistenziale al welfare state*, in G. Rossi, P. Donati (a cura di), *Welfare state. Problemi e alternative*, FrancoAngeli, Milano 1985; A. Ardigò, *Pluralismo e servizi sociali*, Fondazione Zancan, Padova 1997.

[36] Cfr. R. Castel, *Disuguaglianza e vulnerabilità sociale*, in "Rassegna Italiana di Sociologia", 1, 1997.

4.
WELFARE COMMUNITY E WELFARE STATE

4.1 *Politica, welfare e lavoro*

Lavoro è probabilmente la parola più frequente nei discorsi di chi la politica la fa per mestiere e, dato il grado di problematicità a cui rimanda, è anche quella che più di tutte viene, seppur a volte involontariamente, svuotata di significato e di senso, tanto che gran parte della sfiducia verso la politica deriva spesso dal fatto che il cittadino non crede che il politico, e la politica in senso più generale, possano risollevare il paese incrementando il benessere sociale attraverso il lavoro. È, poi, più che lecito aspettarsi delle risposte dalla politica, visto che dall'apogeo degli anni Ottanta, periodo di grande sviluppo economico, ad oggi la curva dell'occupazione è risultata calante, con conseguente aumento del tasso di disoccupazione, soprattutto tra i giovani, che oggi ad un curriculum di laureati e specializzati devono aggiungere anche la dicitura *in attesa di prima occupazione*. L'azione politica negli ultimi vent'anni non è stata assolutamente in grado di incrementare i posti, e soprattutto le occasioni, di lavoro; è stata tutta fondata sulla salvaguardia dei posti di lavoro (per chi un posto lo aveva) e sul tentativo di arginare la diminuzione della domanda di lavoro umano (o forza lavoro). Tale dato è facilmente desumibile dalle ultime statistiche dell'anno 2013, visualizzabili pubblicamente dal sito web Istat, nella sezione lavoro.

Conseguenza di ciò è la sfiducia che molti giovani nutrono nei confronti della politica, proprio perché la politica nel tempo non si è preoccupata del futuro dei giovani stessi: il posto di lavoro. A ciò si associa la mancanza di una educazione alla politica nei giovani, che oltretutto, come ricorda Piero Bertolini, è fondata proprio sull'*attenzione al futuro*[1]. L'essere umano post moderno, e ancor di più il giovane, avvertono un clima di precarietà esistenziale, al quale, necessariamente, si devono opporre

[1] Cfr. P. Bertolini, *Educazione e Politica*, cit., p.151.

sia la capacità di compiere scelte assumendosene le responsabilità che la capacità di progettare, e se necessario riprogettare, la propria vita. La politica, in quanto scienza del governo, del potere, delle diverse iniziative istituzionali reputate idonee a difendere il bene individuale e collettivo, trova il proprio diretto concretamento nell'organizzazione dello Stato[2].

Esiste una grave mancanza nell'agire politico, al quale possiamo anche attribuire la responsabilità di aver *non* educato le giovani generazioni. La politica del nostro tempo, come già detto, è politica dell'emergenza, dell'arginare e del porre rimedio momentaneo; difficilmente oggi, nelle azioni politiche, possiamo notare la volontà di portare avanti un progetto a lungo termine, un progetto di ampio respiro[3], come direbbe Bertolini. Tale pratica ha supportato e motivato, oltre che se vogliamo abituato a un agire momentaneo, quasi mai frutto di progetto, di analisi e di intenzionalità. Con tali premesse diventa poco credibile una politica che parla, sottolineando il verbo parla, di lavoro e supporta la precarietà e la flessibilità, giustificandole magari come incentivi al rilancio dell'economia o come immanente esigenza contro cui nulla si può.

Oggi il problema lavoro richiede un'analisi attenta da parte di tutte le scienze e non di meno da parte della politica; e tale analisi deve partire da un progetto di lavoro più stabile e meno precario, più attento al futuro e simmetrico a una idea di uomo che progetta la propria vita (e che quindi non ostacoli tale pratica), nuovo nella forma e autentico nei contenuti e nei fondamenti (relazione), proiettato verso un rilancio della persona in quanto tale, non considerata solo come unità di produzione.

Politica e lavoro si incontrano da un punto di vista pratico nell'ambito del welfare e dei relativi modelli. Proprio, infatti, le trasformazioni più recenti hanno messo in crisi gli equilibri creati dal lungo percorso di industrializzazione degli ultimi cento anni. Il processo attuale di destabilizzazione dei regimi sociali, e quindi anche lavorativi, è paragonabile per portata a quello avvenuto con l'industrializzazione[4]. I modelli fordisti di welfare si ergevano su tre fattori fondamentali: la diffusione di occupazioni stabili a reddito familiare per i maschi adulti padri di famiglia, in opposizione a una limitata presenza delle donne nel mondo del lavoro; un forte impegno delle donne per il nucleo familiare classico e la sua cura; programmi nazionali di Welfare State orientati a forni-

[2] Cfr. LIII Convegno di Scholé, *L'educazione nella crisi del Welfare State*, cit., p. 169.

[3] Ivi, pp. 26-27.

[4] Cfr. A. Gorz, *Metamorfosi del lavoro. Critica della ragione economica*, Bollati Boringhieri, Torino 1992, pp. 56-59.

re protezione rispetto ai rischi, soprattutto dove l'apporto combinato di famiglie e reddito da lavoro risultava inadeguato ed insufficiente. A partire da qui, i welfare si svilupparono assumendo forme diverse. Tra le variabili principali si annoverano proprio i beneficiari dei programmi di welfare pubblico; pur essendo sempre i lavoratori al centro del sistema variano i criteri di finanziamento, il welfare mix e il contributo richiesto ad altre agenzie per la garanzia di servizi indispensabili ed assistenza. Tale modello è definito solitamente "social democratico", caratteristico dei paesi scandinavi, dove lo Stato fornisce ai cittadini garanzie di protezione e servizi su base universalistica, facendo gravare la spesa sulla fiscalità generale[5]. All'opposto si pone il modello liberista, dove lo Stato ha un ruolo residuale e i servizi e le assicurazioni sono più diffusi. Per tale tipologia di welfare l'obiettivo non è il lavoratore o il cittadino, ma la persona in condizioni di indigenza[6]. A questi due modelli se ne aggiunge un terzo corporativo e familistico, «dove la responsabilità del sostegno grava di più sulle famiglie e i servizi di welfare sono poco sviluppati, il tasso di occupazione femminile è basso e il sistema di assistenza ha, in linea di massima, una prevalente dimensione assicurativa commisurata alla carriera occupazionale del *breadwinner*»[7]. Anche Esping-Andersen, studioso danese, utilizzando il concetto di regime prova a mettere a fuoco non solo le politiche sociali pubbliche, ma, più in generale, l'interazione fra queste con i meccanismi di regolazione del mercato e della famiglia. Muovendo dalla classificazione dei sistemi di welfare, a partire da quali esiti sono stati prodotti rispetto alle due dimensioni da lui considerate fondamentali, ovvero il grado di *demercificazione*, cioè la capacità dei sistemi di welfare di sottrarre un individuo dalla dipendenza dalla sua collocazione nel mercato del lavoro per soddisfare le sue necessità essenziali (l'avere un reddito sufficiente, cure adeguate in caso di bisogno, ecc.), e il grado di *destratificazione*, in sostanza la misura in cui l'intervento del welfare state limita l'impatto che le differenze di classe sociale possono avere nel soddisfacimento dei bisogni, l'autore parla di tre *regimi*, *liberale*, *conservatore-corporativo*, *socialdemocratico*, che hanno poi caratterizzato l'intero filone di ricerca che dagli anni cinquanta del Novecento fino ad oggi prova a spiegare e snocciolare tutti gli aspetti e le implicazioni delle politiche sociali del

[5] Cfr. E. Mingione, E. Pugliese, *Il lavoro*, Carocci, Roma 2002, p. 156.

[6] Ivi, p. 156-157.

[7] *Ibid.* Si veda anche G. Esping-Andersen, *Three Worlds of Welfare Capitalism*, Polity Press, Cambridge 1990.

mondo occidentale. Il *regime liberale*, infatti, è quello che vede un grado minore di *demercificazione* e *desertificazione*, come accaduto negli esempi pratici degli Stati Uniti e, in Europa, del Regno Unito. «Lo stato interviene limitatamente nel welfare e concentra i suoi interventi in maniera selettiva su coloro che sono maggiormente in difficoltà, mentre il mercato viene visto come fonte primaria per rispondere ai bisogni degli individui»[8]. Il regime conservatore-cooperativo si differenzia dal precedente perché presenta un grado medio di demercificazione, mantenendo sempre un basso grado di desertificazione. «Lo stato interviene soprattutto tramite schemi assicurativi obbligatori che mettono parzialmente al riparo i lavoratori dai principali rischi sociali»[9]. Il regime socialdemocratico, invece, prevede un alto grado di demercificazione e desertificazione. Si basa, quindi, «su programmi di tipo universalistico che hanno come riferimento il cittadino/residente e non la persona a basso reddito come nel sistema liberale, né il lavoratore come in quello conservatore-corporativo»[10].

Il problema importante, sia a livello pedagogico, che politico e sociale, è che l'attuale momento storico ha messo in crisi le tre variabili principali già citate; ovvero l'occupazione stabile, la disponibilità delle donne a farsi carico delle mansioni di cura all'interno del nucleo familiare, le potenzialità di espansione dei programmi di Welfare State. Si è ridotta la capacità di contrattazione aziendale e la capacità di standardizzazione dello stato, anche perché sono entrati in gioco configurazioni, risorse, bisogni e rischi diversi nei differenti contesti locali e settoriali[11]. Si può quindi parlare di una crisi che più che del lavoro o dei sistemi di welfare, è crisi composita, frutto di una diversa combinazione sociale, creatasi dalla somma relazionale di: organizzazione aziendale e processi lavorativi, crescita delle quantità di merci prodotte, piena occupazione e grazie sociali diffuse. Ogni aspetto si è modificato, ogni aspetto è cresciuto.

L'esperienza del cosiddetto "Stato sociale", data la sua impostazione nel nostro paese sostanzialmente assistenzialista, risulta essere l'esempio più chiaro, specie alla luce dell'importanza pedagogica che esso assume. Esiste una politica del Welfare State e una crisi del Welfare State, entrambe permeate di significato pedagogico, seppur in momenti

[8] C. Ranci, E. Pavolini, *Le politiche di welfare*, il Mulino, Bologna 2015, p. 69.

[9] Ivi, p. 70.

[10] *Ibid.*

[11] Cfr. E. Mingione, E. Pugliese, *Il lavoro*, cit., p. 156.

differenti. Infatti, intendiamo per politica del Welfare State, l'attuazione di un piano programmatico che miri a ridurre le sperequazioni sociali e le ingiustizie, cosa resa nel miglior modo possibile in molti paesi europei e poco o per niente realizzata in Italia. Di contro, annoveriamo, una crisi del sistema statale di politiche sociali, soprattutto nel nostro Paese, legata principalmente a motivi di natura economici, figli della crisi che ha colpito tutti i paesi industrializzati, ma non in maniera esclusiva, poiché è necessario evidenziare, e quindi ricondurre questa crisi, anche a motivi di carattere culturale o addirittura squisitamente pedagogici.

Quando parliamo di modello di Welfare State nel nostro paese, facciamo riferimento certamente a un sistema eteronomo, nel senso che il concetto posto alla base di questo sistema, ovvero il senso comune, non è stato formulato dai protagonisti della società, cioè dai cittadini, ma è stato giocoforza dettato dagli esperti che inevitabilmente hanno espresso gli interessi della classe dirigente. L'inevitabile conseguenza seguita a una simile politica è stata quella di aver innescato un meccanismo (o logica) di abbattimento del dato umano, ritenuto quasi esclusivamente soggetto passivo, a beneficio della questione economica. Nel caso del Meridione, poi, il discorso scivola e incappa in gestioni sbagliate, spesso rese anche da non esperti, da centri di potere derivati direttamente o indirettamente da un potere, che hanno prodotto danni ben più gravi. La duplice conseguenza derivabile da una simile gestione è stata da un lato, uno spirito sempre più rinunciatario della popolazione, e dall'altra quello che Bertolini[12] definisce ricatto assistenziale: ovvero, nel momento in cui si rende il cittadino incapace di vedere per la propria sopravvivenza, altra via se non quella di accettare interventi assistenziali, diventa praticamente obbligatorio accettare una logica ricattatrice che, come una spirale, rende difficile l'uscita. Un sistema di questo genere risulta incontrollabile e finisce per immobilizzare gli stessi addetti ai lavori, perché non riesce ad autocontrollarsi né a farsi opportunamente controllare, è destinato all'autodistruzione. Occorre, dunque, una rottura, uno squarcio a questo circolo vizioso che non sia prodotto però dai tagli indiscriminati degli aiuti, degli interventi alle zone sottosviluppate, ai luoghi e a coloro che hanno più bisogno, ma piuttosto necessita di un intervento educativo forte che possa interagire proficuamente con i fattori economici propri del modello del Welfare State. Questa prospettiva pedagogica deve saper rompere una certa

[12] Cfr. P. Bertolini, *La responsabilità educativa*, cit., p. 95-97.

tradizione, che vedeva l'intervento educativo come stimolazione di un passivo asservimento al sistema o sub-sistema sociale, e introdurre un concetto che vada nella direzione scientifica della pedagogia, nel senso di un'esperienza che sappia autonomamente attingere le proprie coordinate, e le sappia individuare, dai bisogni espressi nella concretezza della realtà. Una pedagogia, in definitiva, che abbia la capacità di leggere «correttamente i bisogni espressivi della realtà concreta e che, nel contempo, sappia disporre e perseguire itinerari consapevoli e programmaticamente costruiti»[13]. Attenzione però a non intendere la prospettiva educativa, sia pure pedagogicamente e scientificamente ben costruita, come unica soluzione o strategia vincente. Le implicazioni economiche e politiche sono e devono rimanere di fondamentale importanza, senza alcuna forma di artificiosa espulsione. Il problema, forse, sta proprio nel riuscire a coniugare queste differenti prospettive, per farle correre in modo univoco verso lo stesso obiettivo. La tendenza all'organicità, propria della pedagogia, deve far tendere la stessa verso la sua essenza scientifica, deve strutturarsi come un'ulteriore connotazione dell'esperienza umana, sia essa individuale o sociale[14]. «Una visione sistematica che condanna come educativamente pericoloso ogni tentativo di muoversi nei processi di sviluppo per compartimenti stagni, secondo visioni settoriali e isolate»[15]. La prospettiva pedagogica deve porsi come motore primo della logica di costruzione del Welfare State. Solo così, dando alla pedagogia un'ennesima pesante responsabilità educativa e un nuovo coinvolgimento forte dei propri operatori, potrà manifestarsi quella rottura necessaria in questa situazione incancrenita, e porre gli addetti ai lavori come garanti di una progettualità non settoriale ma emergente da una diversità di istanze dialettiche.

Una volta definito il retroterra antropologico di riferimento, è necessario individuare, seppur sinteticamente, le forme e i contenuti di una progettualità sociale, dal punto di vista esclusivamente pedagogico. È questo un argomento che richiede approfondimenti ulteriori che, in questa sede, saranno condensati, limitandosi agli aspetti più interessanti. Esistono tre idee forza o linee guida, tra cui c'è una sostanziale continuità, e la cui contemporanea e dialettica correlazione rappresenta la piattaforma credibile per un'autentica progettualità sociale. La prima di queste tre idee

[13] Ivi, p. 41.
[14] Cfr. ivi, pp. 39-40.
[15] Ivi, pp. 41-42.

è rappresentata dalla ripuntualizzazione del concetto di bisogno, ben analizzato dallo stesso Bertolini. Sostanzialmente si tratta di una dinamica che deve, da un lato, saper precisare l'ambito reale dei bisogni materiali, al di fuori del convenzionale uso consumistico; dall'altro deve saper stimolare la consapevolezza che esistono bisogni non materiali, che rendono qualitativamente migliore la vita. Da qui discende la seconda idea forza, che consiste nella prospettiva di una riappropriazione della capacità di autoprogettazione esistenziale. «È certamente vero che molto del nostro destino dipende da fattori esterni che ci condizionano [...], ma è altrettanto vero che la forza di quegli stessi fattori dipende anche dal modo con cui vengono vissuti da ciascuno di noi [...]»[16]. Si può essere artefici del proprio destino senza entrare in contrasto o in conflitto con gli altri, ma collaborando in una prospettiva largamente sociale. È questa seconda idea la vera forma di lotta contro l'alienazione dell'uomo e quindi contro lo sfruttamento dello stesso. Esiste anche una terza idea forza, che consiste nella prospettiva della partecipazione, ovvero «rifiuto e lotta contro ogni tendenza presente in taluni individui o gruppi di potere a gestire gli altri come farebbe un abile burattinaio»[17].

È necessario, però, fare alcune precisazioni su queste tre idee forza, per comprenderne meglio il senso. In primo luogo esiste un risvolto fortemente educativo delle tre idee, dettato evidentemente dalla definizione stessa della progettualità: infatti, non ci si autoprogetta, ma si prende coscienza che si impara a progettarsi, che si impara a partecipare. È questo il primo e fondamentale elemento introdotto, che sollecita una riflessione di tipo pedagogico, in cui la stessa progettualità sociale richiede una strategia pedagogica consapevole, forte e pienamente responsabile. In secondo luogo va ricordato che il fine è raggiungibile utilizzando contemporaneamente le tre idee nella realizzazione di una piattaforma credibile, e non l'utilizzo singolo di una di esse. Perciò non basta più il perseguimento e il soddisfacimento dei bisogni materiali, senza quell'atteggiamento attivo e responsabile esposto nella seconda idea. Inoltre, non è pensabile un'autentica partecipazione senza mettere in gioco ciò che davvero conta. «L'esperienza ci ha insegnato che una partecipazione solo emblematica e solo formale non paga né sul piano educativo né su quello politico e neppure su quello economico»[18]. Oc-

[16] Ivi, p. 43.
[17] Ivi, p. 44.
[18] Ivi, p. 45.

corre progettare una serie di interventi educativi non astratti o formali, ma qualcosa di sostanziale, che lasci il segno e che non sia fine a se stesso. È necessaria un'autentica prospettiva educativa, o istituzionalmente prevista o realisticamente perseguibile.

Esiste, però, un nodo cruciale rappresentato dalla contestualizzazione dei casi e dall'attuazione delle politiche di welfare in relazione all'ambiente e alle sue forme e caratteristiche. La concettualizzazione che potremmo far derivare chiaramente dal concetto fenomenologico di *mondo della vita*, è stato elaborato in prima analisi da Husserl[19]. Sostanzialmente, Husserl si sofferma sulla concettualizzazione del *mondo della vita* come il mondo delle evidenze originarie, mentre, e potrebbe questo risultare ancor più interessante per la nostra analisi, la teorizzazione operata da Jürgen Habermas, nell'identificazione dicotomica di due distinte sfere della società, si analizza una *società come sistema* separata da una *società come mondo della vita*[20]. Nel primo ambito opererebbero principalmente strategie di razionalizzazione orientate unicamente all'ottimizzazione della funzionalità del sistema sociale. Il secondo ambito, invece, comprende tutte le situazioni di vita e di interrelazione esistenti tra gli attori sociali.

Dal contesto istituzionale, così come potremmo rielaborare la teorizzazione di Habermas, proviamo a guardare anche al contributo in contesti differenti, come ad esempio l'ambito familiare, e alle dinamiche sociali che qui si sviluppano. A tal proposito, uno degli esempi di questo fenomeno, viene riconosciuto da Pierpaolo Donati nella sfera sociale delle dinamiche relazionali familiari. Lo studioso individua gli effetti negativi del *processo di mediatizzazione* della vita quotidiana all'interno dei processi di cambiamento delle forme di cura intergenerazionali della famiglia. Se una volta i genitori si preoccupavano dei figli durante il periodo della loro crescita e successivamente questi aiutavano i genitori ormai anziani, ora non è più così:

> il welfare state è intervenuto su queste regole. Ha sostenuto i figli per rendere uguali le loro opportunità di vita quando i genitori non c'erano o erano inadeguati. Ha sostenuto gli anziani per renderli indipendenti dai figli. L'intervento dall'esterno si è fatto via via più rilevante, al punto che, nei *welfare regimes*

[19] Per un approfondimento si veda E. Husserl, *Idee per una fenomenologia pura e per una filosofia fenomenologica*, Mondadori, Milano 2008.

[20] Habermas teorizza questa distinzione concettuale in J. Habermas, *Teoria dell'agire comunicativo*, il Mulino, Bologna 1986 (ed. or. *Theorie des kommunikativen Handelns*, Suhrkamp, Frankfurt 1988).

più avanzati, le aspettative dei bambini e degli anziani per il loro benessere dipendono ora più dai benefici dello Stato [...] che dalle altre generazioni[21].

Questo è un processo che Robert Castel ha definito di *progressiva erosione delle posizioni intermedie*. Gli indicatori della presenza di tale fenomeno sono da individuare fondamentalmente nella precarizzazione del lavoro che ha ridimensionato la capacità dell'attività lavorativa salariata di fungere da strumento di integrazione sociale. Un altro elemento di forte criticità legato alla perdita graduale di densità delle reti familiari consisterebbe fondamentalmente in un progressivo indebolimento della capacità delle famiglie di tutelare i propri membri più deboli attraverso l'attivazione di o la redistribuzione di risorse adeguate[22].

Difatti, la crisi fiscale del Welfare State non ha più consentito di garantire a tutte le generazioni gli stessi diritti al benessere. Le *generazioni di mezzo* si trovano a dover prendersi cura dei propri figli, dei propri genitori anziani e, in taluni casi, anche dei nonni. Lo schiacciamento avviene quindi perché le *generazioni di mezzo* sono le uniche ancora produttive da un punto di vista lavorativo, economico e, soprattutto, relazionale, sobbarcandosi le responsabilità familiari quotidiane e quelle lavorative al contempo, senza aiuti rilevanti e sostanziali da parte del Welfare State.

Alla luce delle conseguenze negative, si è cercato negli ultimi anni di elaborare nuove soluzioni attraverso la sperimentazione di innovative e sperimentali modalità di coinvolgimento e collaborazione dei soggetti pubblici e privati nelle dinamiche di ideazione e di gestione dei servizi alla persona per una progressiva *ri-contestualizzazione* delle politiche sociali nei propri luoghi di genesi e di implementazione, così come avvenuto in Puglia, ad esempio, con la riforma del welfare per mano della Legge Regionale 10 luglio 2006, n. 19[23], che ha dato il via a un lungo

[21] P. Donati, *Politiche sociali e solidarietà fra le generazioni: il contributo della sociologia relazionale*, in A. Fadda, A. Merler (a cura di), *Politiche sociali e cultura dei servizi*, FrancoAngeli, Milano 2006, p. 28. Sull'argomento si rimanda inoltre ai numerosi contributi dell'autore quali: P. Donati, *Sociologia delle politiche familiari*, Carocci, Roma 2003; P. Donati (a cura di), *Secondo rapporto sulla famiglia in Italia*, Edizioni Paoline, Milano 1991; P. Donati, *Le generazioni in un'ottica relazionale*, in G. Lazzaroni, A. Cugno (a cura di), *Risorse e generazioni*, FrancoAngeli, Milano 1997; P. Donati, F. Piancastelli, *L'equità fra le generazioni: un dibattito internazionale*, in "Sociologia e Politiche Sociali", 1, 2003.

[22] Cfr. R. Castel, *Disuguaglianza e vulnerabilità sociale*, in "Rassegna Italiana di Sociologia", n. 1, 1997.

[23] Il testo integrale della legge è consultabile all'indirizzo <http://www.regione.puglia.it/index.php?anno=xxxvii&page=burp&opz=getfile&file=1.htm&num=87>.

periodo, che prosegue anche oggi con numerose integrazioni e modifiche, di ripensamento in termini teorici e sostanziali dell'antica e ormai obsoleta idea assistenzialista fino ad allora pianificata in Italia.

4.2 *Welfare State e Welfare Society*

L'excursus storico sulla genesi del Welfare State in Gran Bretagna, modello ispiratore degli altri modelli in Europa e nel mondo, e quello relativo all'esperienza italiana, presentati nei capitoli precedenti, sono utili punti di riferimento per una interpretazione del percorso di nascita, trasformazione, definizione e crisi delle politiche sociali in relazione al contesto istituzionale e sociale di riferimento.

All'interno del quadro generale di riferimento possiamo individuare delle similarità palesi nei percorsi generali riconducibili a precisi e differenti momenti storici di elaborazione delle peculiarità culturali e attitudinali dello Stato di benessere. Alcuni autori e studiosi italiani hanno elaborato uno schema cronologico in cui sarebbero indicate le diverse fasi di sviluppo delle politiche sociali. Tra i tanti citeremo la cronologia elaborata da Borzaga e Fazzi, e quella di Ferrera: nel primo caso, i due autori guardano a cinque fasi tra le quali la *sperimentazione* (1870-1920), il *consolidamento* (1930-1940), l'*espansione* (1950-1960), l'*istituzionalizzazione* (1970-1980), e il *rallentamento*; nel secondo caso, invece, l'autore vede sempre cinque fasi ma le definisce in modo differente, l'*instaurazione* (XIX secolo), il *consolidamento* (sino al 1915), l'*espansione* (da 1945 agli anni Settanta), la *crisi* (tra gli anni Settanta e Novanta), e la *riforma* (tra XX e XXI secolo)[24].

Anche se tendenzialmente simili nell'individuare concettualmente i momenti centrali del percorso di genesi e definizione del Welfare State, le due differenziazioni si caratterizzano sostanzialmente nell'indicare i due estremi temporali, evidenziando quale sia la difficoltà interpretativa. A tale ragione parrebbe lecito ricondurre la nascita delle prime forme di attenzione alla tutela del benessere delle persone al momento in cui sono sorte le prime città e i primi comuni. In questo nuovo contesto si sarebbero manifestate, per la prima volta, le forme di povertà radicale e di emarginazione e disgregazione sociale che hanno determi-

[24] Per maggiori approfondimenti si veda C. Borzaga, L. Fazzi, *Manuale di politica sociale*, FrancoAngeli, Milano 2005.

nato il sorgere di forme organizzate di aiuto alla persona direttamente controllate dagli organi amministrativi. Nel contempo, questo era il periodo dell'assistenza declinata in termini di *provvidenza divina* e messa in atto da due istituzioni sociali in particolare: la famiglia e la Chiesa. Queste, in alcuni casi insieme ai Comuni, aiutavano direttamente i consociati in virtù del mero principio di appartenenza alla comunità, relazione fondata sulla complessa sintesi di diritti e doveri di aiuto. Da questa analisi prende il via l'idea, teorizzata da Donati, che vuole, nel momento di espansione storica di una idea di Stato sociale, un'azione ad appannaggio esclusivo dell'istituzione governativa: «le pretese del pubblico dei cittadini aumentano, spingendo lo Stato ad intervenire in tutta la vita amministrativa, economica e sociale. [...] Le prestazioni di welfare, come debbono essere materializzate, debbono essere anche progressivamente politicizzate»[25].

Il welfare, nelle sue pratiche e nelle sue declinazioni ideologiche, è intrecciato in modo complesso nell'azione amministrativa dello Stato dal quale, e attraverso il quale, esso trae riconoscimento e ragione d'essere. Questo il pensiero di Girotti, il quale, inoltre, pone come nodo storico fondamentale il momento di crisi dello Stato di benessere. Il tentativo interpretativo delle cause sostanziali della diffusa crisi dei sistemi di Welfare State ha portato all'elaborazione di nuovi approcci sui fenomeni circostanti il cambiamento strutturale che ha caratterizzato il panorama internazionale delle pratiche del Welfare State. «Al termine di un lungo percorso storico, che ha visto la costruzione del welfare intrecciarsi con le lotte per il potere – diventando di volta in volta la posta in gioco di strategie d'ordine, di consenso e di controllo del ciclo economico – la politica sociale ha finito fondamentalmente per identificarsi con le politiche pubbliche che la sostanziano nell'azione di governo»[26].

Lo Stato di benessere che noi stiamo conoscendo in questi ultimi anni, quindi, viste anche le suddette considerazioni di autorevoli studiosi in materia, è il frutto di una riformulazione che si è resa necessaria alla luce dei fenomeni di crisi emersi durante gli anni Ottanta; nasce cioè da un rinnovamento che si è reso indispensabile per la stessa sopravvivenza del Welfare State sia in chiave ideologica, sia in ambito normativo, sia in termini di pratica comunitaria quotidiana.

[25] P. Donati, *Risposte alla crisi dello Stato sociale. Le nuove politiche sociali in prospettiva sociologica*, FrancoAngeli, Milano 1984, p. 242.

[26] M. Girotti, *Welfare state: storia, modelli e critica*, Carocci, Roma 1998, p. 29.

La ricerca sul Welfare State è stata denominata per decenni dai modelli. Una vera e propria industria della ricerca comparativa sul Welfare State ha prodotto, riciclato e ristrutturato un impressionante numero di categorizzazioni o modelli di sistemi nazionali di sicurezza sociale. Gli storici, quando hanno rivolto la loro attenzione a questo campo di studi, hanno spesso sottolineato la specificità dei loro Paesi, come casi singolari e tali da disegnare modelli originali e non facilmente generalizzabili. Facendo ciò, hanno criticato le generalizzazioni associate alla ricerca comparativa basata su modelli, ma al tempo stesso hanno contribuito alla costruzione di sempre più sofisticate categorizzazioni di modelli da parte degli studiosi dei sistemi di welfare, animati, questi ultimi, da un impeto classificatorio tale da fare invidia a Limneo[27].

Per queste ragioni, la crisi di cui parliamo non dovrebbe essere ricondotta, né tantomeno descritta, come un semplice momento di rallentamento perché questo termine non è adatto a descrivere la complessità del fenomeno che ha portato anche a una sostanziale trasformazione dei paradigmi interpretativi del Welfare State e dei propri modelli attuativi. Se le politiche sociali dello Stato di benessere tradizionale fossero state condizionate da un semplice rallentamento e non da una vera e propria crisi strutturale, non avremmo allora assistito alla nascita di nuovi e differenti modelli di Welfare State. Facciamo riferimento, in questa sede, ai cosiddetti welfare mix, welfare societario e welfare relazionale, che sono alcuni dei modelli interpretativi elaborati per comprendere i fenomeni di mutamento che hanno caratterizzato la reazione del Welfare State di fronte alla propria crisi.

Su un piano sostanzialmente identico, perciò, si poggia la riflessione dello studioso Anton Hemerijck, il quale afferma che nell'ultimo decennio abbiamo assistito a un fenomeno che lui definisce di *ricalibratura* (*recalibration*) del welfare[28]. Proprio una situazione di questo tipo ha prodotto un modello di Welfare State differente dal modello tradizionale nelle sue quattro dimensioni fondamentali: funzionale, distributi-

[27] P. Kettunen, K. Petersen (eds.), *Beyond Welfare State Models: Transnational Historical Perspectives on Social Policy*, Edward Elgar Publishing, Cheltenham Northampton 2011, p. 1.

[28] Per ulteriori approfondimenti si rimanda a M. Ferrera, A. Hemerijck, M. Rhodes, *The Future of Social Europe: Recasting Work and Welfare in the New Economy*, Celta Editora, Oeiras 2000; M. Ferrera, A. Hemerijck, *Recalibrating Europe's Welfare Regimes*, in J. Zeitlin, D.M. Trubek, *Governing Work and Welfare in the New Economy. European and American Experiment*, Oxford University Press, Oxford 2003; A. Hemerijck, *L'imperativo del developmental welfare in Europa*, in «La Rivista delle Politiche Sociali», 1, 2008.

va, normativa e istituzionale. La *ricalibratura funzionale*, infatti, riguarda specificamente i problemi, i rischi dai quali il Welfare State dovrebbe proteggere i cittadini e i bisogni da soddisfare.

Seguendo questa linea si rende necessaria, inoltre, una *ricalibratura distributiva* che sia efficace nel ri-equilibrare l'offerta di protezione sociale con particolare attenzione alle nuove categorie sociali schiacciate dalle responsabilità di aiuto in un sistema di welfare che non è in grado di creare un sistema di reale tutela e copertura dai rischi[29].

Esiste, però, anche una necessità che è quella di trovare nuove proposte politiche, che siano concretamente efficaci da un punto di vista funzionale ed eque da un punto di vista distributivo; questo aspetto ha generato un processo di *ricalibratura normativa* del Welfare State. Ovvero, vi si scorge un'opera di rielaborazione della normativa inerente l'organizzazione dei servizi alla persona che trae ispirazione nei principi morali che da sempre sottostanno all'ideazione e alla realizzazione delle politiche di protezione sociale legate all'idea classica dell'istituzione Welfare State.

Altrettanto necessaria, infine, risulta la *ricalibratura istituzionale* che coinvolge nel discorso tutti i soggetti dell'architettura istituzionale su tutti i livelli, tanto nella sfera informale quanto in quella informale. Essa trae le proprie origini dalla crisi che ha colpito l'apparato Stato-centrico del welfare secondo cui il solo soggetto istituzionale avrebbe potuto offrire e gestire i servizi su tutto il territorio nazionale e per tutta la popolazione.

Proprio questi due ultimi esempi di ricalibratura esplicitano l'ottica secondo la quale si è mosso il legislatore nel caso della elaborazione della riforma italiana dei servizi alla persona legata all'attuazione della Legge Quadro 328/2000. Infatti, nella prima parte del testo di legge, sui principi generali e le finalità, si annovera:

> La Repubblica assicura alle persone e alle famiglie un sistema integrato di interventi e servizi sociali, promuove interventi per garantire la qualità della vita, pari opportunità, non discriminazione e diritti di cittadinanza, previene, elimina o riduce le condizioni di disabilità, di bisogno e di disagio individuale

[29] In merito a tali problematiche di accumulo di responsabilità di protezione sociale da parte delle "generazioni di mezzo" sulle "vecchie" e "nuove" generazioni si rimanda, tra i tanti, agli studi e alle riflessioni che Pierpaolo Donati ha contestualizzato all'interno della realtà sociale italiana: P. Donati (a cura di), *Famiglia e capitale sociale nella società italiana*, Edizioni San Paolo, Cinisello Balsamo 2003.

e familiare, derivanti da inadeguatezza di reddito, difficoltà sociali e condizioni di non autonomia, in coerenza con gli articoli 2, 3 e 38 della Costituzione[30].

Scopo principale della legge è, quindi, oltre la semplice assistenza del singolo, anche il sostegno della persona all'interno del proprio nucleo familiare. Per questo, la qualità della vita, la prevenzione, la riduzione e l'eliminazione delle disabilità, il disagio personale e familiare e il diritto alle prestazioni sono gli obiettivi della legge. Per la prima volta, inoltre, viene istituito un fondo nazionale per le politiche e gli interventi sociali, aggregando e ampliando i finanziamenti settoriali esistenti e destinandoli alla programmazione regionale e degli enti. «Per la realizzazione degli interventi e dei servizi sociali, in forma unitaria e integrata, è adottato il metodo della programmazione degli interventi e delle risorse, dell'operatività per progetti, della verifica sistematica dei risultati in termini di qualità e di efficacia delle prestazioni, nonché della valutazione di impatto di genere»[31].

Prima dell'approvazione della Legge n. 328 del 2000, sull'assistenza sociale, il settore era ancora disciplinato dalla Legge 17 luglio 1890, n. 6972 e successive modificazioni, meglio nota col nome di Legge Crispi. Il primo processo di politiche sociali innovative si è svolto sulla base di alcuni presupposti e principi di fondo, quali la riorganizzazione del territorio in ambiti territoriali adeguati, la programmazione degli interventi in base alle caratteristiche e ai bisogni della popolazione, l'integrazione dei servizi sanitari con quelli sociali e la partecipazione attiva nei servizi degli utenti e dei cittadini. In questo contesto, il ruolo dei Comuni è stato sempre più importante: sono questi che realizzano, organizzano e gestiscono i servizi sociali, secondo le indicazioni elaborate a livello regionale. La Carta Europea delle Autonomie Locali, sottoscritta a Strasburgo il 15 ottobre 1985 e tradotta nella Legge n. 439/89, rappresenta la base fondamentale per lo sviluppo delle politiche sociali introducendo principi basilari quali la sussidiarietà, cioè la necessità di rispondere ai bisogni delle collettività locali; la cooperazione, intesa come la capacità degli enti locali di associarsi fra loro per la tutela e la promozione dei loro comuni interessi e per la gestione associata dei servizi; l'auto-organizzazione, nel senso di capacità propria

[30] Legge 8 novembre 2000, n. 328, *Legge quadro per la realizzazione del sistema integrato di interventi e servizi sociali*, Capo I, art. 1, comma 1.

[31] Legge 8 novembre 2000, n. 328, *Legge quadro per la realizzazione del sistema integrato di interventi e servizi sociali*, Capo I, art. 3, comma 1.

nella scelta della struttura amministrativa più idonea allo svolgimento delle funzioni.

Tra i principi generali e le finalità indicate dall'articolo 1 della citata Legge n. 328 del 2000, inoltre, meritano una menzione particolare alcuni passaggi che affidano, infatti, in posizione paritaria, agli enti locali, alle regioni e allo Stato la programmazione e l'organizzazione dei servizi e degli interventi sociali[32]. Nell'intento di valorizzare al massimo grado il principio di sussidiarietà, le regioni dovranno riconoscere e agevolare il ruolo di tutti i soggetti sociali, delle associazioni e degli enti di promozione sociale, compreso quello degli enti riconosciuti dalle confessioni religiose, con cui lo Stato ha stipulato intese nell'organizzazione e nella gestione dei servizi sociali. Sempre nel medesimo articolo, al comma 5, viene enunciato un altro importantissimo principio secondo il quale la gestione e l'offerta dei servizi devono essere ad appannaggio dei soggetti pubblici, nonché delle associazioni ed enti di promozione sociale, fondazioni e altri organismi privati, in qualità di soggetti attivi nella progettazione, nell'organizzazione e nella gestione dei servizi e degli interventi sociali. La proposta di legge intende anche rispondere alle sollecitazioni contenute nella Legge 28 agosto 1997, n. 285[33], recante disposizioni per la promozione di diritti e di opportunità per l'infanzia e l'adolescenza, nella parte in cui auspica il coinvolgimento degli enti locali, delle istituzioni pubbliche e private per la promozione dei diritti, la qualità della vita, lo sviluppo, la realizzazione individuale e la socializzazione dell'infanzia e dell'adolescenza, privilegiando l'ambiente a loro più confacente, in attuazione dei principi della Convenzione sui Diritti del Fanciullo, resa esecutiva con la Legge 27 maggio 1991, n. 176[34].

[32] Per un maggior approfondimento si consulti il testo di legge integrale su <http://www.camera.it/parlam/leggi/00328l.htm>.

[33] Per un maggior approfondimento si consulti il testo di legge integrale su <http://www.camera.it/parlam/leggi/97285l.htm>.

[34] Per un maggior approfondimento si consulti il testo di legge integrale su <http://www.camera.it/_bicamerali/infanzia/leggi/l176.htm>.

5.
POLITICHE DI WELFARE FONDATE SULLA PERSONA

5.1 *Sapere pedagogico e progettualità*

La riflessione pedagogica, negli ultimi trent'anni, ha dovuto, per necessità, accostarsi, spesso attraverso una riflessione teorica in parte debole, alle molteplici problematiche educative, della scuola così come dei contesti extrascolastici, sempre più complesse e multidimensionali.

Il bisogno di una forte tensione educativa per fronteggiare le emergenze del terzo millennio è avvertito in maniera più forte nel postmodernismo maturo e l'uomo smarrisce troppo facilmente "la rotta" nella ricerca estenuante di una ricetta di vita[1]. Di fronte a una dispersione dell'uomo sempre alla ricerca di un senso oltre il senso stesso della vita, prende forma una sovra-esigenza umana dell'avere che sovrasta l'essere. Una frammentazione dei bisogni e degli interessi esistenziali che conduce a una difficoltà, sempre più avvertita, nel voler cogliere una possibile prospettiva unitaria dell'educazione e, di riflesso, un riduzionismo (privo di scopo e di ragioni di senso) della ricerca pedagogica producono un'eclissi dell'educativo, oltre a un impoverimento delle linee prospettiche di ricerca. Risulterebbe, quindi, necessario aprire a una nuova prospettiva che, per dirla con Bellingreri, possa rivalutare la pedagogia fondamentale come un orizzonte di pensiero che permetta di avviare una riflessione esistenziale, utile alla reinterpretazione critica del concetto di identità personale quale percorso di vita all'interno di relazioni generative che diventano, poi, per un soggetto autorevoli[2].

Il diffuso senso di precarietà e di crisi che cerca ancore di salvezza nel cambiamento di direzione del (nel) futuro viene denunciato come deriva in crescita esponenziale del nostro tempo; tale condizione solle-

[1] Cfr. Z. Bauman, *L'arte della vita*, Laterza, Roma-Bari 2010, pp. 31-37.

[2] Cfr. A. Bellingreri, *La sfida dell'educativo nella società liquida*, in G. Elia (a cura di), *Le sfide sociali dell'educazione*, FrancoAngeli, Milano 2014, pp. 24-25.

cita inevitabilmente l'interrogarsi su come e in che misura l'educazione, i suoi intenti e i suoi luoghi (formali, non formali e informali) abbiano contribuito, e contribuiscano, a determinare e ridisegnare la fattispecie di uomo-persona cui rimandano e, magari, sul modo *possibile e necessario*[3] di evitarne ogni tipo di degenerazione. Le responsabilità dell'educativo circa la condizione attuale dell'uomo giungono da più fronti e si distribuiscono su più tematiche: una di queste afferisce proprio all'autorità e alla crisi[4] che l'ha già da tempo investita.

Pertanto, fare pedagogia, nel settore del lavoro, significa pensare la formazione della persona nell'attuale contesto storico-sociale, avvalendosi di un'azione interpretativa che metta in evidenza le emergenze più rilevanti per le complesse società contemporanee, oltre che le interdipendenze giuridico-economiche e politiche. La ricerca in tal senso deve procedere all'individuazione di precisi dispositivi pedagogici che permettano ai vari modelli educativi, reali, sperimentati e ipotizzati, di misurarsi con le singole persone sulla base dei loro singoli vissuti, stili conoscitivi, comunicativi e di pensiero, affinché si possa orientare il processo di formazione ed educazione verso quegli orizzonti di umanità che costruiscono lo specifico della natura umana[5], anche in quei contesti dove per anni si è ipotizzato che tale visione non potesse essere presa in considerazione. Questo è avvenuto anche grazie alla questione che ormai da lungo tempo ci si domanda che scienza sia quella che la pedagogia può produrre; «essa non può certo fermarsi all'essere, ontologicamente fondato, perché questo sarebbe compito della filosofia, ma è interessata soprattutto al dover essere. Parlare di pedagogia ha senso se ci si pone nell'ottica della formazione dell'uomo assunto nella sua globalità e totalità»[6]. Il compito della pedagogia, quindi, non si risolve solo sul piano descrittivo e interpretativo del dato reale, ma si realizza pienamente soprattutto come compito normativo, «nella consapevolezza che l'uomo si contraddistingue per quella propensione alla progettazione esistenziale che si traduce in un possibile tra i possibili

[3] Per un approfondimento si veda G. Chiosso, *Elementi di pedagogia*, cit.

[4] Il rapporto tra autorità e crisi è stato analizzato nel saggio di Luigi Pati contenuto nel volume: L. Pati, L. Prenna (a cura di), *Ripensare l'autorità. Riflessioni pedagogiche e proposte educative*, Guerini, Milano 2008.

[5] Cfr. C. Spadafora, *Ancora sull'identità della pedagogia*, in L. Santelli Beccegato, F. Cambi (a cura di), *Modelli di formazione. La rete teorica del Novecento pedagogico*, UTET, Torino 2004, p. 221.

[6] A. Rubini, *Pedagogia e Politica*, cit., p. 25.

cammini di realizzazione personale»[7]. La specificità progettuale della persona viene più volta ribadita nelle pagine delle ricerche svolte da Giuseppe Flores d'Arcais, il quale sottolinea proprio l'aspetto progettuale della persona, dichiarando esplicitamente che essa «è, intrinsecamente, *progetto*», che la vita personale è tutta nel suo *da farsi*, nel suo proiettarsi instancabilmente oltre il presente, nel suo costituirsi, nel suo formarsi. Infatti, puntualizza il pedagogista,

> si intende che, con ciò, non si modifica la struttura ontologica della persona – l'essere del suo esserci – anche se mutano – e nella storia non potrebbe essere che così – i suoi atti, il suo manifestarsi: ma in modo tale da non poter dar luogo a ripetizione alcuna. La persona è *irripetibilità*: è quel sé che non può essere confuso con altro; appunto, l'*io*. Che cresce – certamente – in sapienza, in affettività, in socialità, in capacità creativa o critica: ma senza che, *così*, si faccia altro da sé[8].

La progettualità, categoria ontologica, come ricorda Luigi Pati, è la capacità squisitamente umana di elaborare un'immagine di sé e di perseguirla proiettandola nel tempo e nello spazio; all'uomo costitutivamente appartiene quella "sete di ricerca" che conduce al permanente divenire e al cammino continuo verso il pieno significato del vivere[9]. Scrive Pati:

> attendere al concretamento del proprio progetto di vita significa misurarci con scelte i cui esiti sono sconosciuti. Per converso, rinunciare a progettare la vita è dire "no" alla possibilità di crescere, di "umanarsi"; di divenire secondo una prospettiva originale intenzionalmente prescelta, a tutto vantaggio dell'inautenticità esistenziale, della casualità comportamentale, del passivo adeguamento al procedere degli eventi. Ne consegue che l'educazione, mentre risulta qualificata in maniera forte dal suo accadere nel presente, è un rapporto/processo teso a costruire il futuro[10].

Altro punto fondamentale riguarda l'impossibilità per la pedagogia di specializzarsi al pari delle altre scienze. Essa non può rompere l'unità ori-

[7] Ivi, p. 33.

[8] G. Flores d'Arcais, *Le "ragioni" di una teoria personalistica della educazione*, cit., p. 45.

[9] Cfr. L. Pati, *Progettare la vita*, cit., pp. 13-41.

[10] L. Pati, *Pedagogia sociale. Temi e problemi*, cit., p. 20; il concetto viene ripreso anche in un interessante contributo di L. Santelli Beccegato, *Educare non è una cosa semplice*, cit., pp. 10-11.

ginaria della persona, pena il suo snaturamento e l'impossibilità di accompagnarlo lungo il suo percorso di formazione; proprio in virtù di questo aspetto ogni atto educativo implica, coinvolge e incorpora una qualche visione del mondo e dell'uomo nel mondo, compresi i diversi contesti di vita. È questo un altro elemento e presupposto della pedagogia[11].

Tuttavia, la riflessione circa la situazione esistenziale nella quale la persona vive, richiama, senza alcun dubbio, determinate riflessioni circa il valore della pedagogia. Fare ciò implica l'abbandono delle logiche del sapere oggettivo, oltre all'adozione di un sano atteggiamento antidogmatico.

In riferimento al tema del lavoro si comprende maggiormente la necessità di fare riferimento a una pedagogia intesa come sapere pratico, spostando l'attenzione quindi da una scienza capace di costruire sistemi di sapere a una in grado di orientare l'azione educativa al fine di porre in essere processi di cambiamento e di trasformazione dell'agire educativo.

Da qui l'esigenza di una ridefinizione culturale del soggetto-uomo-persona che, rafforzando e promuovendo le energie culturali e spirituali dei singoli, renda ognuno capace di essere protagonista attivo della vita associata. In tal modo la democrazia non rischia di ridursi a un insieme di regole procedurali volte a tutelare e a comporre gli interessi dei singoli, ma finirà per assumerne i caratteri di progetto *umanizzante* affidato alla capacità di iniziativa e di presenza dei soggetti.

Interessante, inoltre, è la proposta di Giuseppe Spadafora circa l'approfondimento teorico del sapere pedagogico; infatti, egli evidenzia come

> questa disciplina presenti un carattere atipico, non configurandosi né come filosofia né come scienza né come politica, ma come un sapere impegnato ad occuparsi dello studio dell'educazione che, riguardando la genesi, lo sviluppo e l'affermazione dell'umano di ogni persona, si presta ad analisi extrapedagogiche da parte di tutte le scienze dell'uomo, anche di quelle che studiano la natura umana secondo la prospettiva delle scienze naturali[12].

Un'idea "ampia" di pedagogia, quella che propone lo studioso calabrese, all'interno della quale l'educazione dell'uomo rappresenta il

[11] Cfr. R. Fadda, *I sentieri della formazione: la formatività umana tra azione ed evento*, Armando Editore, Roma 2002, p. 17.

[12] G. Spadafora, *Ancora sull'identità della pedagogia*, in L. Santelli Beccegato, F. Cambi (a cura di), *Modelli di formazione. La rete teorica del Novecento pedagogico*, cit., p. 214.

fulcro intorno al quale ogni cosa si costruisce. Proprio questo aspetto connotato di progettualità pedagogica (ed umana) diventa macroambito fondante della pedagogia che si interessa di lavoro, nella convinzione che questo sia luogo di educazione e contesto di costruzione della propria identità e del proprio essere persona tra gli altri.

Pertanto, la multidimensionalità dell'oggetto d'indagine, ma anche la spiccata caratterizzazione interdisciplinare, che vede interagire ricerche diverse tra loro – filosofia, psicologia, sociologia, politica, scienze organizzative, economia – funzionali sia nella prospettiva di poter cogliere le proprie finalità sia nel dare pregnanza alle proprie argomentazioni scientifiche, trova esplicazione risolutiva nel progetto di vita per l'uomo, persona che nel lavoro cresce e fonda il proprio progetto esistenziale.

Spesso, però, il presente si disegna come l'unica dimensione esistenziale *sensata* per la vita delle persone sulle quali sembra sempre più incombente la "cultura dell'adesso e del transitorio", per usare parole care a Bruno Rossi. Ogni evento finisce con l'essere slegato dal passato (considerato insignificante) e dal futuro (guardato con disincanto) e la vita viene ridotta a una congerie di episodi, a un susseguirsi di presenti. Alla vita quotidiana si guarda come all'ambito di senso generale e come allo spazio di elezione per quella cultura della soggettività che progressivamente è andata crescendo nel mondo giovanile. «Il tempo non è più un fiume, ma un insieme di pozzanghere e piscine»[13], scrive Bauman quando spiega il perché oggi consideriamo una società come terra dei consumi e della modernità liquida.

Quanto su detto ci riconduce a una riflessione secondo cui la costruzione *identitaria* sembra alimentarsi soprattutto di un ininterrotto e affaticato presente. Per una larga parte dei giovani, ad esempio, non pare difficile osservare l'orientamento all'*immediatismo*, la dilatazione del presente e l'intrappolamento in esso, la tendenza a proteggersi e sopravvivere vivendo "alla giornata" e navigando a vista, a non ricordare e a dimenticare, a percepire confusamente il passato ignorando che questo è continuamente presente nell'oggi e influisce sul domani, e dunque a disinteressarsi del *già stato* e del *non ancora*. Il fallimento dei grandi ideali politici e sociali ha prodotto una consistente delusione, che è poi sfociata in quel diffuso e inquietante vuoto di senso; spesso, vi è una carenza di significati vitali e prospettive positive, tanto che ri-

[13] Z. Bauman, *La società dell'incertezza*, il Mulino, Bologna 1999, p. 38.

sulta pressoché assente una definita progettualità esistenziale generata da aspettative, aspirazioni, impegni, speranze, valori, ideali, orizzonti.

È incentivata la disposizione a sostare a lungo nell'età dell'adolescenza nonché a fuggire da se stessi. Prevale il senso della moratoria, quand'anche della deriva, e il tempo è visto come

> *puntillistico*, ossia frammentato in una moltitudine di particelle separate, ciascuna ridotta a un punto che sempre più si avvicina all'idealizzazione geometrica dell'assenza di dimensione. Come certamente si ricorda dalle lezioni di geometria a scuola, i punti non hanno lunghezza, larghezza o profondità. [...] l'eternità non è più un valore o un oggetto del desiderio. O, per meglio dire, ciò che costituiva il suo valore e che la rendeva un oggetto del desiderio è stato asportato e trapiantato nella dimensione del momentaneo[14].

In una società in larga misura eticamente neutra, quindi, si va affermando in maniera abbastanza esplicita la tendenza ad abbandonare i grandi modelli ideali e valoriali, le forti tensioni etico-morali, i percorsi sociali e civili ad alta progettualità. Pare delinearsi un allentamento della tensione *axiologica*, un'insufficiente premura per i fini della vita, una diffusione sempre più accentuata di filosofie dell'esistenza di marca pessimistica, irrazionalistica, meccanicistica, vitalistica, nichilistica.

I riferimenti di giudizio normativi sono cercati sempre più lontano dalle istituzioni, dalle ideologie e dalle utopie e, in definitiva, l'etica dell'attuale generazione giovanile sembra essere contrassegnata dall'eterogeneità dei punti di riferimento e dalla mancanza di validi appigli e legittimazioni, nonché da un consistente relativismo e contingentismo. Il tempo è dimensione costitutiva della vita umana. Dal tempo l'esistenza del singolo, e delle comunità, è tessuta. La qualità della vita e il compimento di sé dipendono non poco dalla capacità di abitarlo progettualmente, di dimorarvi responsabilmente e creativamente[15].

L'oscillazione tra numerosi riferimenti e appartenenze non di rado si rende responsabile della non-volontà e della difficoltà di compiere scelte di fondo, opzioni capaci di costituirsi valido ancoraggio per la vita. Ne consegue, perciò, la tendenza a dilazionare il più possibile le scelte decisive, a concedere la preferenza alle opzioni connotate dalla reversibilità, ad

[14] Z. Bauman, *Vite di corsa. Come salvarsi dalla tirannia dell'effimero*, trad. it., il Mulino, Bologna 2009, pp. 56 e 63.

[15] Il rapporto fra tempo e progettualità viene approfondito in B. Rossi, *Tempo e progetto. Saggio sull'educazione al futuro*, La Scuola, Brescia 1999.

assumersi rischi moderati, ad evitare impegni a lungo termine, a rifiutare di ipotecare il futuro, a costruirsi un'identità fluida, debole, in continua evoluzione, ambivalente, finanche contraddittoria, in modo da potersi consentire la composizione di molteplici condizioni di vita.

L'incertezza, pur così dominante e pervasiva, non è una condizione che i giovani accettano con totale, passiva rassegnazione. Larghi strati di giovani non si trovano affatto a proprio agio in una condizione di vita che la società considera – nelle loro percezioni – come un limbo, un parcheggio, un'età priva di peso sociale e di capacità di assumere ruoli significativi e responsabili. Esiste, per quanto limitata, una realtà giovanile in cui persiste, e anzi si rigenera, il senso del "processo", cioè l'esigenza che la loro età sia configurata come un percorso di maturazione, di scoperta, di costruzione di un futuro personale e sociale, anziché come un'età della pura espressione di sé[16].

L'esempio delle giovani generazioni diventa fondamentale per comprendere l'evoluzione della persona e del concetto di tempo che in essa si costituisce. La persona è provvista di una forza interiore che le consente di collocarsi significativamente nel tempo, viverlo come *kairòs* per fare della vita un'esistenza, per mantenere una significativa relazione con il passato e guardare in maniera accorta al futuro; possiede l'energia necessaria per consumare il tempo in maniera autonoma e divergente, riappropriarsi dei tempi di vita quotidiana, esercitarvi una capacità progettuale e dare a essi senso, farsi custode del proprio tempo e viverlo come tempo di coltivazione dell'*anima*, organizzarlo e vigilare su di esso allo scopo di non sciuparlo, di non ridurlo a mero evento meccanico non riconoscendogli alcuna qualità significativa per l'esistenza e decostruendolo di impegno etico, di non identificarlo in un caotico e discontinuo susseguirsi di vicende ora positive ora negative, ora piacevoli ora spiacevoli, di non abbreviarlo facendone un cattivo uso, di non dilapidarlo trascorrendolo sotto la pressione continua dell'urgenza e della produttività, di non consumarlo banalmente e ripetitivamente lasciandosi sedurre dalle suggestioni *dell'hic et nunc*.

Per fare ciò, il recupero della memoria storica e dell'insegnamento che l'utilizzo della stessa può dare alle future generazioni, nei diversi campi d'azione, risulta essere la strada da percorrere con maggior convinzio-

[16] P. Donati, *Una generazione di cercatori: con quali speranze?*, in P. Donati, I. Colozzi (a cura di), *Giovani e generazioni. Quando si cresce in una società eticamente neutra*, il Mulino, Bologna 1997, p. 276.

ne. La perdita della memoria storica, infatti, è causa rilevante di disorientamento e spersonalizzazione, di sradicamento culturale e mancanza del senso di appartenenza, di pregiudizio e discriminazione, di progressismo illuministico e illusione utopistica, nonché, per dirla con Ricoeur, dell'incapacità di contribuire all'attuazione della cultura di una buona memoria, i cui elementi portanti possono essere individuati nell'ingiunzione a *non dimenticare*, nell'*uso* misurato dell'oblio, nella *giusta* distanza rispetto al passato[17]. In altre parole, un recupero del dato e dell'insegnamento storico, quale motore dello sviluppo di un sapere pedagogico che, orientato attraverso la progettualità, possa scrivere nuovi percorsi di ricerca e aprire diversi campi d'azione in linea con quella caratteristica di interdisciplinarietà che connota le scienze dell'educazione.

5.2 *Un progetto sui valori per la persona*

Un progetto, un lavoro progettuale, un uomo che progetta non possono prescindere dall'orizzonte valoriale. Se «la personalità non si forma soltanto lasciando scorrere l'essere ma anche promuovendo il dover essere»[18], è opportuno considerare che i valori sono sempre stati posti come le vere e proprie forze motrici della storia.

L'espressione "educazione ai valori" si è manifestata in passato con diversi significati; c'è chi li ha considerati beni di orientamento normativi (equivalenti alle norme morali), chi ideali in sé, nel senso delle idee platoniche (il vero, il bello, il buono...), obiettivi e mete dell'azione educativa (valori in senso teleologico), esperienza di valore (il rapporto tra l'azione e il significato che le viene attribuito)[19].

> La specificità dell'esperienza morale consiste in un confronto permanente fra un proprio modo di sentire il bene, il proprio senso dell'obbligo morale e quello che deriva da valori e norme oggettivamente definite. [...] La dimensione oggettiva sollecita soprattutto atteggiamenti di condivisione e di partecipazione rispetto a qualcosa di dato o anche liberamente scelto, mentre l'approccio personale valorizza in primo luogo l'esperienza di sé e della capacità di volizione.

[17] P. Ricoeur, *Passato, Memoria, Oblio*, in L. Ruggiu (a cura di), *Filosofia del tempo*, Mondadori, Milano 1998, p. 230.

[18] G. Chiosso, *Teorie dell'educazione e formazione*, cit., p. 98.

[19] Cfr. W. Brezinka, *Morale ed educazione. Per una filosofia normativa dell'educazione*, Armando, Roma 1994, pp. 121-134.

L'accento cade più sull'esperienza di valore che sul valore in sé, cioè sul rapporto che il soggetto stabilisce con quanto reputa meritevole di apprezzamento [...], puntare su alcuni valori che costituiscono il senso della presenza dell'uomo significa non rassegnarsi alla frammentazione dell'esperienza[20].

Considerare una pedagogia che sia pedagogia dei valori significa attribuire all'esistenza un valore. È di sicuro questa una delle grandi sfide della pedagogia, prostrata al cospetto di un'epoca nella quale «si è cittadini non più in quanto parte ed espressione di un certo luogo, di una certa storia e di una memoria collettiva, ma soprattutto in quanto si abita un luogo-tempo sempre più fitto di interferenze, articolazioni, segmentazioni, pluralità di appartenenze»[21].

Da qui la qualità dell'esperienza umana non è indipendente dal contesto in cui si vive e, l'autonomia personale prende forza proprio quando la persona cresce in un ambiente familiare sereno ed ospitale, in cui le specificità, considerate risorse, trovano apprezzamento. Succede questo anche nei contesti lavorativi in cui il lavoratore avverte forte la necessità di esser valore aggiunto all'organizzazione.

L'obiettivo della pedagogia dei valori, ambito utile e funzionale al discorso sul lavoro, è quello di rendere i valori comuni dei valori di cittadinanza, dove per cittadinanza si intende la possibilità di «riconoscere un luogo in cui gli uomini si incontrano per edificare forme di convivenza civile e politica, dove non prevalga la logica della semplice composizione degli interessi, ma che siano ispirate a idealità condivise»[22].

È compito irrinunciabile dell'educazione quello di formare giovani uomini, lavoratori, persone capaci d'inserirsi nel contesto sociale con un'adeguata tensione intellettuale, spirituale e morale, affinché, apprezzando i valori della verità, della libertà e della rettitudine, siano disponibili per assumere gli impegni che derivano dal ruolo che si occupa all'interno di una comunità.

Ancora una volta il pensiero di Giuseppe Spadafora chiarisce tali affermazioni:

non è un'esigenza di mera idealità o di astratto principio ideologico-utopico quella dell'universalità dei valori come valori educativi rispondenti a ciò che costituisce l'essenza della condizione umana, ma che essa risponde sempre, e

[20] G. Chiosso, *Teorie dell'educazione e formazione*, cit., pp. 93-94.

[21] Ivi, p. 75.

[22] A. Rubini, *Pedagogia e politica*, cit., p. 37.

ora più che mai, all'*universalità*, alla *globalità*, e alla *mondialità* dei problemi umani del nostro mondo, a cominciare da quello della *sopravvivenza stessa* dell'umanità sulla terra[23].

È necessario nei contesti lavorativi, così come nella società, riproporre un disegno educativo, seppur incerto negli esiti, rispettando la complessità delle sue linee e la tensione delle sue aspirazioni, precisandone le ricadute di tipo etico e politico. «Un progetto educativo è tale se è portatore di un'organica idea di uomo e di società, se esprime crescenti livelli di aspirazione e si impegna nel tentativo di tradurli in azioni concrete»[24].

Paradossale ma vero, l'educazione reagisce alle minacce della società odierna, che, in nome di un millantato progresso e di un sistema fuori da ogni norma, esige comportamenti capaci di autoregolamentarsi a seconda dei diversi contesti e/o esigenze. È di vitale importanza porre l'accento su un aspetto importante: «i processi educativi così permettono di riaprire all'uomo la via della partecipazione e gli restituiscono lo spazio vitale in una società»[25] purtroppo capace di mostrarsi alienata e alienante.

Come la socializzazione si pone quale metafora dell'ordine e della continuità nella riproduzione sociale, così l'educazione si pone come metafora del progressivo miglioramento individuale. Certo il rapporto educativo ha un *ancoramento situazionale*, si colloca in un determinato tempo e spazio, ma si qualifica in termini di *orientamento di valori* che vanno al di là delle pressioni espresse dal sistema o dagli interessi di determinati gruppi[26].

Quindi l'educazione, permeando i diversi settori del sapere e della cultura, deve condurre l'uomo a realizzare se stesso in dialogo con il mondo e in armonia con esso[27]. Una esistenza effettivamente ricca di valore, il cui mezzo strategico è l'empatia, capace di generare moralità. Per Kohlberg, infatti, «la moralità è il prodotto naturale di una tendenza

[23] G. Acone, *L'orizzonte culturale del nostro tempo e l'educazione ai valori: dalla sopravvivenza al progetto esistenziale*, in L. Santelli Beccegato (a cura di), *Bisogno di valori. Per un rinnovato impegno educativo nella società contemporanea*, La Scuola, Brescia 1991, pp. 90-91.

[24] A. Rubini, *Pedagogia e politica*, cit., p. 38.

[25] Ivi, p. 39.

[26] L. Santelli Beccegato, *Interpretazioni pedagogiche e scelte educative*, La Scuola, Brescia 1998, p. 29.

[27] Cfr. A. Chionna, *Pedagogia della responsabilità*, cit., pp. 79-80.

umana universale verso l'empatia (appunto) o assunzione di ruolo. Essa è inoltre il risultato dell'interesse umano per la giustizia, la reciprocità e l'uguaglianza nel rapporto tra una persona e l'altra»[28].

L'educazione deve cercare di rendere gli individui coscienti delle proprie radici e fornire specifici punti di riferimento che consentano loro di definire la loro collocazione nel mondo, nei mondi e nei contesti nel rispetto della diversità umana e delle diverse abilità, troppo spesso calpestate.

I valori, pedagogicamente intesi, fanno sempre parte di quel filtro che rende possibile ogni interpretazione, sono condizioni e vie di accesso all'altro e alla sua verità[29]. L'idea di educazione umana che ne viene fuori è caratterizzata principalmente da una dimensione globale in cui l'uomo è interpretato da una coniugazione armonica di eticità e intelligenza delle cose, degli uomini e del mondo.

> L'intenzionalità pedagogica [...] rinviene appunto nella capacità di operare un rimando costante e continuo alla dimensione dei valori e alla prospettiva del "dover essere", che si presentano tuttavia non come un riferimento di natura prescrittiva, estrinseco allo svolgersi della dinamica processuale, bensì come un elemento di riequilibrio tanto del sistema di intenzioni considerato nel suo complesso, quanto delle istanze dei soggetti cha a quel sistema partecipano[30].

La sfida o le sfide allora della pedagogia richiamano inevitabilmente un ripristino della dimensione valoriale dell'uomo, in un contesto caratterizzato dalla multidimensionalità e dal tempo liquido. Oggi «l'istante eccolo presente, già sparito, prima un niente, dopo un niente [...] continuamente un foglio si stacca dal rotolo del tempo, cade, vola via e rivola improvvisamente indietro, in grembo all'uomo»[31].

Il tutto rintracciabile anche nella nozione di "Io" minimo denunciata da Lasch quando scrive che

[28] R. Viganò, *Psicologia ed educazione*, in L. Kohlberg, *Un'etica per la società complessa*, Vita e Pensiero, Milano 1991, p. 47, in A. Chionna, *Pedagogia della responsabilità*, cit., p. 112.

[29] Cfr. R. Fadda, *I sentieri della formazione: la formatività umana tra azione ed evento*, cit., p. 133.

[30] M. Piccino, *La comunicazione educativa nella famiglia. I genitori di fronte ai figli adolescenti*, Armando, Roma 2004, p. 140.

[31] K. Löwith, *Nietzsche e l'eterno ritorno*, Laterza, Roma-Bari 1985, p. 135, in G. Chiosso, *Teorie dell'educazione e formazione*, cit., p. 68.

gli uomini vivono alla giornata: raramente guardano al passato e se rivolgono la loro attenzione al futuro è semplicemente perché sembrano essere in preda alla paura di essere sopraffatti da eventi disastrosi che ormai quasi tutti si aspettano. In questo stato, che potremmo definire di assedio, l'io si contrae, si riduce a un nucleo difensivo armato contro le avversità[32].

Al centro di questa condizione si colloca, nella prospettiva di un nuovo umanesimo per la pedagogia del lavoro, la persona con tutte le sue fragilità, incertezze, precarietà che deve essere instradata lungo un percorso di recupero della propria memoria.

In una fase congiunturale in cui la precarietà dell'universo è fortemente rappresentata e la fragilità umana è attratta dalla spirale del cambiamento, dell'effimero, dell'usa e getta, dal benessere come *ben-avere*, dalla paura del futuro, dalla conquista della felicità assoluta si ripropone in tutta la sua pregnanza e urgenza un nuovo e più incisivo rapporto tra educazione e società, un binomio spesso difficile e conflittuale, connotato di utopia[33].

Un'utopia non come rappresentazione del mondo dell'impossibile, ma come quello dell'inattuale, del futuro. La scommessa del terzo millennio del sapere pedagogico è quindi in questa ricerca costante dell'uomo autentico, educato e formato al vivere civile, proiettato nella ricerca di un *nuovo umanesimo*, in grado di difendere il senso e il valore dell'umanità. Identica è la sfida di una pedagogia del lavoro che vuole vedere traslato tale ideale all'interno, nella "società lavoro", luogo di crescita per l'uomo. Anche Zygmunt Bauman fa notare come la nostra età riesca a cogliere il massimo livello di autocritica, di auto denigrazione, e per alcuni aspetti della propria autodistruzione, e insieme la possibilità di una comprensione radicalmente nuova dei fenomeni umani. I grandi temi dell'etica, dai diritti umani, alla giustizia sociale, l'equilibrio tra cooperazione pacifica e autoaffermazione personale, la sincronizzazione di condotta individuale e bene comune, non hanno perso nulla della loro attualità, ma piuttosto chiedono di essere affrontati in modo nuovo[34].

«Com'è facile comprendere, l'originarietà e l'originalità del potere creativo dell'uomo ha il senso dell'eccedenza rispetto a quanto il si-

[32] C. Lasch, *L'io minimo. La mentalità della sopravvivenza in un'epoca di turbamenti*, Feltrinelli, Milano 1985, p. 7, in G. Chiosso, *Teorie dell'educazione e formazione*, cit., p. 65.

[33] A. Rubini, *Pedagogia e politica*, cit., pp. 41-42.

[34] Z. Bauman, *Le sfide dell'etica*, Feltrinelli, Milano 2010, pp. 8-10.

stema propone, soprattutto quando prevalgono modelli di ingegneria sociale, più adatti a generare dialettiche di difficile sostegno delle singole identità che a sostenere la personale fatica di attuazione del proprio sé»[35]. In questa direzione, muove la ricerca pedagogica oggi, in senso stretto, con la volontà di recuperare quell'idea, propria delle scienze dell'educazione, che vuole riaffermare la persona al centro di un sistema più complesso, nel tentativo di riaffermare la singolarità del sé nel rispetto dell'Io altrui.

La profonda metamorfosi dell'antropologia, espressa essenzialmente come crisi del pensare l'uomo secondo le accezioni di *coscienza*, *soggetto*, *io*, ecc. – esclusivamente elaborate sul piano teorico e non abbastanza comprensive per dare espressione alla ricerca dell'uomo di fermare la crescente disgregazione di significato e senso – apre, secondo la tipica espressione di Maritain, una nuova "preoccupazione" per la persona adeguata alla nostra età di cultura e ad un mondo densamente "significato" e "costruito", con molte possibilità di senso[36].

Ancor più difficile risulterebbe continuare a preferire le molte accezioni cui la ricerca filosofica ha fatto riferimento, dopo aver toccato con mano che il termine "coscienza" non è stato in grado di concretizzare quella trasparenza che Freud e la psicoanalisi avevano promesso.

L'uomo, quindi, reclama quell'espansione dei valori della soggettività, l'integrità del proprio sé, libero e autonomo, ormai da tempo, e in particolare questi bisogni, propri della persona, si esprimono oggi come una più sensibile presa di coscienza delle identità individuali, della titolarità nell'attribuire senso ai molti prodotti o forme della scienza, della cultura, dell'economia. In ciò si costruisce quella radice profonda della dignità che è, come ricorda Chionna, domanda di dignità:

la domanda di dignità, che si esprime sul piano pratico della responsabilità delle scelte nei riguardi del proprio sé e dell'altro, nella sua proiezione teorica si nutre di riflessioni che superano l'antica distinzione tra un uomo della "metafisica" e uomo come "prodotto di cultura" e si orientano verso la tesi che il rispetto non è dovuto all'uomo in quanto specie umana avente una particolare dignità tra le altre specie, ma per la *titolarità della persona a dare pienezza ai propri atti personali*[37].

[35] A. Pavan, *Dire persona nell'età globale dei diritti umani*, in A. Pavan (a cura di), *Dire persona. Luoghi critici e saggi di applicazione di un'idea*, il Mulino, Bologna 2003, pp. 509-511.

[36] A. Chionna, *Pedagogia della dignità umana*, cit., p. 44.

[37] Ivi, p. 45.

Il futuro, però, si manifesta come un quadro astratto, privo di stravolgimenti, tutto omogeneizzato verso quelle che Bauman definisce vite frammentate, vissute episodicamente, in una serie di eventi privi di connessione: «l'insicurezza è un punto in cui l'essere si divide in frammenti e la vita in episodi»[38]. Non si tratta, quindi, di una lettura superficiale della crescente società multiculturale, poiché esiste un fenomeno molto più importante che va al di la del transitorio e temporaneo problema della multi etnicità, attraverso il principio della convivenze e della tolleranza, interessandosi, diversamente, al dato del misconoscimento delle identità che vanno ormai assumendo condizione strutturale e vanno modificando le relazioni e i livelli di rispetto. Il multiculturalismo, ricorda Pariotti, non nasce sul ceppo del pluralismo; è più della diversità degli interessi, dei bisogni o delle preferenze. Si tratta, invece, del pluralismo delle "culture", cioè degli universi simbolici che conferiscono significato alle scelte e ai piani di vita di coloro che li abitano[39].

Sul piano relazionale, tra la persona e il bene, Ricoeur sostiene che la giustizia regola e dà qualità alle relazioni tra gli uomini, quando si pone in rapporto con il bene. Ma se la giustizia è virtù che si applica esclusivamente alle istituzioni, piuttosto che ai soggetti che la praticano, prevale una sorta di logica del contratto, volta a porre la prevalenza del giusto sul bene e assicurare un approccio procedurale corretto e neutro ad ogni questione concernente i rapporti dei singoli con le istituzioni[40].

È l'ampiezza delle implicazioni che l'idea della dignità esprime nella logica e nella pratica dei diritti umani che ci porta verso quell'esplorazione del nesso *empirico-causale tra esercizio della libertà e processo di umanizzazione*, entro quella sfera, propriamente pedagogica, delle possibilità e dei limiti rintracciabili nell'orizzonte politico, sociale e culturale[41]. Da un punto di vita pratico, infatti, occorre cogliere la diversa modalità epocale di porre il problema della libertà, sempre più spesso sinonimo di generica "liberazione" da possibili vincoli sociali e politici, da "tabù" repressivi di carattere socio-culturale. Il significato di libertà, rapportato al senso di dignità della persona, si ambienta nella "prassi",

[38] Z. Bauman, *La società della gratificazione istantanea in culture differenti. Europa e Nord America*, in "Concilium", n. 35, 1999, p. 619.

[39] Cfr. E. Pariotti, *Multiculturalismo, globalizzazione e universalità dei diritti umani*, in "Ragion pratica", n. 9, 2001, pp. 63-85.

[40] Cfr. P. Ricoeur, *Le juste*, Èditions Esprit, Paris 1995, in A. Chionna, *Pedagogia della dignità umana*, cit., p. 100.

[41] Cfr. A. Chionna, *Pedagogia della dignità umana*, cit., pp. 152-153.

confuso per lo più con il concetto di "liberazione" o più semplicisticamente esplicitato come "facilitazione" della vita, soddisfazione di ogni desiderio, rifiuto di ogni forma di vita passata, di qualsivoglia sviluppo finalisticamente ordinato.

Quando parliamo di libertà della persona, risulta interessante il contributo di Berlin, il quale definisce la stessa come «libertà dalle catene, dall'essere imprigionato o reso schiavo da parte di altri. Battersi per la libertà significa cercare di rimuovere degli ostacoli; lottare per la libertà personale è sforzarsi di porre un freno alle interferenze, allo sfruttamento, alla riduzione in schiavitù da parte di persone i cui fini non sono i nostri»[42]. Perciò bisogna necessariamente ripartire dal senso di libertà pedagogicamente inteso, ovvero, come ricorda Flores d'Arcais, quella libertà che *è nel soggetto*; appartiene alla sua realtà costitutiva, è il manifestarsi di "attività e autonomia", un "auto realizzarsi" nel presente e verso il futuro che sottolinea la sua originarietà nel momento stesso in cui il soggetto decide di accogliere e svelare se stesso in una serie di atti liberi[43].

Quindi, affinché si realizzi quel processo di riforma progettuale dei valori propri della persona è indispensabile ripartire dal senso stesso di questa, immersa nel contesto umano, di vita parallela e condivisa con l'altro, nel tentativo di recuperare il rispetto secondo un processo di responsabilizzazione personale che, partendo dall'idea di riconoscimento della singola identità, e della libertà intesa in termini di rimozione degli ostacoli, possa rinascere come dimostrazione pratica di dignità umana. Un nuovo mondo di valori, propri della persona, che muovono dall'evoluzione di senso, propriamente pedagogica, e mirano alla realizzazione finale di persona libera in quanto *attore di libertà*.

[42] I. Berlin, *Quattro saggi sulla libertà*, trad. it. M. Santambrogio (a cura di), Feltrinelli, Milano 1989, p. 53.

[43] Cfr. G. Flores d'Arcais, *Le "ragioni" di una teoria personalistica dell'educazione*, cit., pp. 98-114.

6.
PEDAGOGIA E WELFARE. PROBLEMATICHE ATTUALI E SCENARI FUTURI

6.1 *L'esempio Puglia per uscire dalla crisi*

La Regione Puglia programma, coordina e assicura sul territorio un sistema integrato d'interventi e servizi sociali per le persone, le famiglie e i nuclei di persone, al fine di garantire la qualità della vita, le pari opportunità, la non discriminazione e i diritti di cittadinanza, operando per prevenire, eliminare o ridurre gli ostacoli alla piena inclusione sociale derivante da condizioni di disabilità, di bisogno e di disagio individuale e familiare, da inadeguatezza di reddito, difficoltà sociale e condizioni di non autonomia, in coerenza con gli articoli 2, 3 e 38 della Costituzione[1].

La Regione Puglia, quindi, come si evince già dai primi passaggi del testo della Legge Regionale 10 luglio 2006 n. 19, *Disciplina del sistema integrato dei servizi per la dignità e il benessere delle donne e degli uomini di Puglia*, è stata impegnata nella definizione del regolamento attuativo della stessa, che costituisce lo strumento di riferimento per l'esercizio delle funzioni di programmazione, vigilanza, indirizzo e controllo, nonché delle funzioni e dei compiti amministrativi che richiedono l'unitario esercizio a livello regionale. Il percorso, com'è facile comprendere, parte da molto lontano, e si snoda su di un territorio intricato e, per certi versi, multidisciplinare, di grande importanza. In questa sede ci occuperemo degli aspetti prettamente pedagogici del testo in questione e di come gli stessi siano poi diventati fondamenti indispensabili alla buona riuscita del percorso di riforma regionale che ancora oggi, attraverso diverse linee programmatiche, la Puglia sta, non senza fatica, portando a compimento.

[1] Legge Regionale n. 19/2006, *Disciplina del sistema integrato dei servizi sociali per la dignità e il benessere delle donne e degli uomini in Puglia*, art. 1, comma 1 (Finalità), pubblicata nel B.U.R. Puglia n. 87 del 12 luglio 2006, consultabile su <http://www.regione.puglia.it/web/packages/progetti/pugliasociale/lr_n19_2006_testo_raccordato_feb2010.pdf>.

La materia della programmazione e della organizzazione del sistema integrato dei servizi sociali e sociosanitari, rientrante nella potestà legislativa e regolamentare della Regione ai sensi dell'art. 117 della Costituzione Italiana, assume in questa fase del processo di riforma del welfare pugliese un rilievo strategico per diversi obiettivi che, sostanzialmente, giungono poi a definire il quadro complessivo d'intervento:

a) indirizzo alla programmazione territoriale della nuova rete integrata di servizi e interventi sociali e sociosanitari;

b) supporto ai Comuni ed alle Province pugliesi rispetto alla attuazione delle norme nazionali e regionali;

c) perseguimento del principio di equità orizzontale, nelle stesse comunità locali, e verticale, tra comunità locali, rispetto alle opportunità di accesso alle prestazioni sociali e sociosanitaria in relazione alle situazioni di bisogno e alle condizioni socio-economiche delle persone e delle famiglie;

d) perseguimento del carattere di omogeneità dei livelli di welfare organizzati su base territoriale, pur nel rispetto dell'autonomia degli Enti locali nell'esercizio delle funzioni socioassistenziali, per assicurare a tutti i cittadini pugliesi l'esigibilità dei diritti civili e sociali mediante la erogazione di prestazioni essenziali, anche nelle more della definizione a livello nazionale dei livelli essenziali delle prestazioni.

«Il sistema locale si articola in un insieme d'interventi e servizi socio-assistenziali realizzati in modo coordinato e integrato con gli interventi dei diversi settori della collettività attivati dai diversi soggetti pubblici e privati posti in rete attraverso la programmazione definita dal Piano sociale di zona»[2].

In particolare, ci troviamo di fronte a un riordino, in senso stretto, del quadro di principi condiviso, quale quello definito dalla legge regionale, e di un sistema di regole atte a promuovere la gestione associata delle funzioni socio-assistenziali negli ambiti territoriali; i processi di progettazione partecipata, l'integrazione sociosanitaria, la qualità sociale delle reti dei servizi, la trasparenza e la correttezza della gestione amministrativa delle funzioni socio-assistenziali, le possibili economie di scala nella gestione dei servizi, costituiscono leve imprescindibili per

[2] Legge Regionale n. 19/2006, *Disciplina del sistema integrato dei servizi sociali per la dignità e il benessere delle donne e degli uomini in Puglia*, Titolo I – Il Sistema Integrato dei Servizi Sociali, art. 8, comma 1 (Sistema locale dei Servizi Sociali), pubblicata nel B.U.R. Puglia n. 87 del 12 luglio 2006, consultabile su <http://www.regione.puglia.it/web/packages/progetti/pugliasociale/lr_n19_2006_testo_raccordato_feb2010.pdf>.

l'efficacia e la qualità del lavoro di costruzione del nuovo sistema di welfare pugliese.

Si tratta, quindi, di un testo che, già nelle premesse, esplicita la volontà di andare oltre quel dato meramente economico individuato da Piero Bertolini, analizzato nel secondo capitolo, che risultava limitante sia in ottica futura che, ancor di più, nel breve periodo. Un testo, quello regionale, che racchiude un'impostazione non solo politica, o meramente amministrativa, ma piuttosto attinge dalle scienze umane l'esperienza in tema di diritti umani, di dignità, di responsabilità, e di relazione. Tuttavia, abbiamo analizzato come storicamente la strada intrapresa dalle politiche di welfare abbia teso a obiettivi differenti. In generale, infatti, si è finora parlato soprattutto dell'integrazione sociosanitaria prevalentemente in termini di integrazione di servizi, ovverosia da un punto di vista meramente pratico. Non sarebbe corretto, però, prescindere da una breve riflessione sugli aspetti che riguardano i professionisti che operano in quelle strutture coinvolte in questo progetto di nuovo coordinamento degli interventi sociali.

Il compito della riforma attuata in Italia e, nel nostro caso specifico, in Puglia appare sostanzialmente come un percorso ancor più arduo del previsto; costruire dei ponti tra identità che fino ad ora hanno comunicato di rado, e altrettanto raramente hanno collaborato tra loro, non può risolversi nella ennesima manifestazione di una volontà istituzionale che impone una nuova norma di comportamento tra agenzie e agenti sia istituzionali sia del privato sociale. Le domande cruciali con le quali, ad esempio, l'educazione si confronta, attengono alla natura del rispetto umano, alle norme in base alle quali costruire l'obbligo di rispettare la vita umana, e se la dignità può continuare a essere valore oggettivo e intrinseco alla persona. Già Heidegger, che pur vedeva nella nostra epoca la grande capacità di «presentare il suo sapere intorno all'uomo in modo così efficace e affascinante, né a comunicarlo in modo tanto rapido e facile», rilevava che mai l'uomo aveva assunto un aspetto più problematico e nessuna altra epoca storica aveva saputo meno circa l'identità e il valore dell'uomo[3].

Rispondere, però, agli interrogativi della società post moderna e alle sfide sociali che questa ci pone, non ultima proprio la ridefinizione dello Stato sociale e dei processi socio-assistenziali da attuare, è impresa

[3] Cfr. M. Heidegger, *Kant e il problema della metafisica*, Laterza, Roma-Bari 1981, pp. 175-176.

di non facile realizzazione. Il testo regionale pugliese, per larghi tratti, sviscera alcuni dei passaggi chiave ma, come ricorda Chionna, partendo dalla crisi dell'identità e del valore dell'uomo, «come a ciò possa rispondere la caratterizzazione personalistica dell'educazione è domanda alla quale la riflessione pedagogica più attuale è in grado di rispondere sul piano delle argomentazioni teoriche e nella prospettazione di matrici progettuali correttamente fondate sul valore della persona e sul rispetto della dignità che incarna e concretizza il valore»[4].

Esiste, infatti, in uno dei passaggi essenziali della legge regionale, un richiamo forte e preciso ai concetti di famiglia, e al senso moderno della stessa nel rapporto con i servizi sociali integrati:

> Il sistema integrato d'interventi e servizi sociali valorizza il ruolo della famiglia, così come riconosciuta dall'articolo 29 della Costituzione, quale nucleo essenziale della società, indispensabile per la crescita, per lo sviluppo e la cura delle persone, per la tutela della vita umana, del diritto di tutti i cittadini all'informazione, alle prestazioni essenziali, alla flessibilità degli interventi e alla libera scelta dei servizi, nonché al perseguimento della condivisione delle responsabilità tra uomini e donne[5].

Al tempo stesso, inoltre, il richiamo all'universalità dell'uomo, nel rispetto della dignità umana, è oggetto imprescindibile del Titolo III del testo di legge, quando al comma 1 dell'articolo 27 si cita testualmente: «In ottemperanza a quanto previsto dagli articoli 2 e 3 della Costituzione, il sistema integrato dei servizi sociali ha un carattere universalistico ed è teso a promuovere la dignità e il benessere di ogni uomo e di ogni donna in Puglia»[6]. Tutto quanto riportato apre uno scenario interessante di sostegno economico e morale alle famiglie socialmente svantaggiate

[4] A. Chionna, *Pedagogia della dignità umana*, cit., p. 15.

[5] Legge Regionale n. 19/2006, *Disciplina del sistema integrato dei servizi sociali per la dignità e il benessere delle donne e degli uomini in Puglia*, Titolo II – Famiglia nel Sistema Integrato dei Servizi, art. 22, comma 1 (Famiglia nel Sistema Integrato dei Servizi), pubblicata nel B.U.R. Puglia n. 87 del 12 luglio 2006, consultabile su <http://www.regione.puglia.it/web/packages/progetti/pugliasociale/lr_n19_2006_testo_raccordato_feb2010.pdf>.

[6] Legge Regionale n. 19/2006, *Disciplina del sistema integrato dei servizi sociali per la dignità e il benessere delle donne e degli uomini in Puglia*, Titolo III – Carattere Universalistico della Politiche Sociali, art. 27, comma 1 (Carattere Universalistico dei Servizi), pubblicata nel B.U.R. Puglia n. 87 del 12 luglio 2006, consultabile su <http://www.regione.puglia.it/web/packages/progetti/pugliasociale/lr_n19_2006_testo_raccordato_feb2010.pdf>.

ristabilendo, attraverso una politica di contrasto alla povertà, un senso di cittadinanza e di bene comune pedagogicamente caratterizzati che passano, inoltre, anche dalla ridefinizione delle politiche di immigrazione.

La Regione Puglia, in attuazione dei principi indicati nello Statuto, nell'ambito delle proprie competenze ai sensi dell'articolo 117 della Costituzione e del Testo Unico emanato con d.lgs. 286/1998, e ispirandosi ai principi e ai valori della *Dichiarazione fondamentale dei diritti dell'uomo* e della *Carta dei diritti fondamentali dell'Unione Europea*, promuove iniziative rivolte ad attribuire a tutte le persone immigrate e alle loro famiglie che dimorano o risiedono nel territorio della Regione Puglia e che dimostrino di avere rispettato le vigenti disposizioni normative in materia di flussi migratori, condizioni di uguaglianza con i cittadini italiani nel godimento dei diritti civili e concorre a rimuovere le cause che ne ostacolano l'inserimento nell'organizzazione sociale, culturale ed economica della Regione[7].

È evidente, però, che i piani di attuazione differiscano in relazione al momento storico; ed è altrettanto innegabile che la crisi economica dell'ultimo decennio, oggi avvertita in modo più forte, abbia caratterizzato la conduzione e l'attuazione delle riforme anche in materia di welfare. Infatti, nella Delibera di giunta regionale dell'11 aprile 2013, n. 722, sono state tracciate e approvate le nuove linee guida in materia di welfare. Muovendo dall'esperienza pregressa, maturata in circa sette anni, i nuovi dettami di *governance* hanno posto l'accento su alcuni aspetti fondamentali:

la qualificazione e lo sviluppo omogeneo del percorso adottivo su tutto il territorio regionale attraverso la definizione dei compiti e delle responsabilità dei soggetti coinvolti e di un apparato organizzativo efficace ed efficiente; la realizzazione di una forte integrazione tra i soggetti istituzionali e non che esercitano un ruolo importante nel processo dell'adozione: i Tribunali per i Minorenni, i Servizi Sociali dei Comuni, i Servizi Consultoriali delle Aziende Sanitarie Locali, gli Enti Autorizzati, le famiglie disponibili all'adozione, le Istituzioni Scolastiche, le organizzazioni del Terzo Settore; la razionalizzazio-

[7] Legge Regionale n. 19/2006, *Disciplina del sistema integrato dei servizi sociali per la dignità e il benessere delle donne e degli uomini in Puglia*, Titolo III – Carattere Universalistico della Politiche Sociali, art. 34, comma 1 (Politiche per le persone immigrate), pubblicata nel B.U.R. Puglia n. 87 del 12 luglio 2006, consultabile su <http://www.regione.puglia.it/web/packages/progetti/pugliasociale/lr_n19_2006_testo_raccordato_feb2010.pdf>.

ne dei processi e dei percorsi dell'adozione che, al momento, appaiono frammentati e disomogenei nelle diverse realtà territoriali; la diffusione della cultura dell'adozione considerando più aspetti, dalla tutela del minore alla capacità di supportare la famiglia attraverso interventi coordinati e razionalizzati[8].

Traendo le prime conclusioni dell'esempio Regione Puglia, come nuova idea di pianificazione del sistema welfare e delle politiche sociali post moderne, riprendiamo alcuni aspetti già analizzati da Georg Simmel, quando fa riferimento alla concorrenza tra gli attori del sociale. Egli, infatti, afferma che le società basate sulla cooperazione e quelle fondate sulla competizione non differiscono l'una dall'altra se non per il modo in cui il fine è raggiunto. Anche se l'autore utilizza il termine *concorrere* anziché *competere* noi consideriamo i due termini secondo la loro accezione positiva e perciò sinonimi perché entrambi descrivono l'azione di due attori che impiegano i propri sforzi parallelamente e contemporaneamente per raggiungere il medesimo fine. L'eliminazione diretta dell'avversario, del diretto concorrente, non viene vista né come un vantaggio né tantomeno come il fine in sé.

Così i due attori concorrenti alla costruzione delle politiche sociali territoriali rivolgono il proprio interesse al destinatario dei risultati della competizione. Questi, cioè, si interesseranno al terzo soggetto della competizione impegnandosi a conoscerne le fragilità, le potenzialità, i bisogni, per costruire nuovi legami e nuove alleanze e integrazioni tra servizi che produrranno potenziali vantaggi per le persone e per il territorio perché «la concorrenza della società è concorrenza per l'uomo»[9].

Quanto operato finora, e gli sforzi della politica nell'attingere dagli studi sociologici e pedagogici le linee guida essenziali, sono solo l'inizio di un percorso che, programmaticamente, potrebbe cominciare a dare risposte importanti e sostanziali alle politiche sociali. La crisi analizzata dalla pedagogia, e rappresentata dal contributo sociologico, sono il motore per ripartire, come per l'esempio pugliese, dal concetto di cooperazione istituzionale e trasversalmente tra *governance* e cittadini, l'importanza della delega alle istituzioni prossime al cittadino perché «ciò consente una migliore conoscenza dei fenomeni di povertà e un più efficiente ed efficace intervento»[10].

[8] *Linee guida regionali sulle adozioni nazionali ed internazionali in attuazione del Piano regionale per il sostegno al percorso di adozione nazionale ed internazionale dei minori*, Premessa, pubblicate sul B.U.R.P. n. 58 del 30-04-2013.

[9] G. Simmel, *Sociologia*, cit., p. 247.

[10] Ivi, p. 408.

Il coinvolgimento coordinato di attori istituzionali posti su differenti livelli amministrativi (Comuni, Province, Regioni, Stato e, se necessario, l'Unione Europea) e di questi con gli attori del privato sociale e della sfera del mercato economico, definiscono i caratteri sostanziali di quella declinazione particolare del concetto di *governance* che ricade sotto l'espressione *multi-level governance* (governance multi-livello)[11]. Questo concetto è stato elaborato in concomitanza con l'affermazione nel panorama teorico dei principi tipici della sussidiarietà verticale. Attraverso un approccio fondato sulla *multi-level governance* viene osservato scientificamente il percorso di attivazione delle dinamiche e delle politiche di coordinamento e coinvolgimento di differenti attori riconducibili alle differenti sfere coinvolte anche all'interno del *welfare mix*.

La *governance* multilivello rappresenta, quindi, una delle nuove declinazioni e nuove modalità interpretative del modello emergente di *governance* all'interno del *welfare mix* sorto dalla dissoluzione del paradigma tradizionale incentrato sul ruolo determinante dello Stato nazione. La *multi-level governance* contiene un approccio Stato-centrico in cui vengono poste in risalto le relazioni esistenti tra lo Stato e altri attori non istituzionali, ma anche una modalità più collaborativa orientata al coordinamento delle interazioni esistenti tra attori pubblici e privati.

Il modello di *welfare mix* trova, però, la sua ragione d'essere nella definizione del panorama politico circostante in cui il decentramento dei ruoli e dei poteri decisionali, contemporaneamente all'affermazione legale dei principi di sussidiarietà[12], ha determinato la partecipazione di nuovi attori nei luoghi di costruzione territoriale delle politiche sociali attraverso dinamiche e interrelazione definite come tipiche della *multi-level governance*.

[11] Il termine multi level governance venne inizialmente utilizzato per descrivere i sistemi in cui si svolgevano continue negoziazioni tra autorità di governo collocate su diversi livelli, e in particolare come paradigma interpretativo del mutamento dei rapporti fra i vari livelli di autorità all'interno dell'Unione Europea. L. Pesenti, *Federalismo e sussidiarietà: un nesso necessario?*, in P. Donati, I. Colozzi, *La sussidiarietà. Che cos'è e come funziona*, Carocci, Roma 2005, p. 49.

[12] Sussidiarietà e decentralizzazione non sono la stessa cosa: la sussidiarietà è un principio di allocazione del poter in sfere amministrative superiori o inferiori, anche se tendenzialmente si preferiscono quelle inferiori e implementa le politiche che vengono stabilite da un potere centrale che ne definisce i caratteri peculiari; la decentralizzazione invece prevede che i soggetti investiti di questo potere siano i diretti responsabili della definizione delle caratteristiche e degli aspetti attuativi e di principio delle politiche.

In conclusione, riprendere le fila del discorso sul Welfare State rappresenta una sfida sociale di proporzioni imponenti e che richiede, necessariamente, il contributo attivo delle scienze umane, dalla pedagogia alla sociologia, senza tralasciare il dato politico ed economico ma senza farsi trascinare esclusivamente da questo quale elemento fondante di un piano pratico di riforma decentrata. Conciliare lavoro e cura è uno dei grandi quesiti, ancora parzialmente irrisolti, e dal dibattito sempre in continuo aggiornamento, che potrebbe chiarire e riscrivere il problema della valutazione dei rischi sociali. La tendenza demografica, ad esempio, era un elemento fondamentale in passato e, per aspetti differenti, lo è ancora oggi; diversamente la questione economica, in passato al centro del problema politico, oggi è nelle mani dell'educazione quale unica depositaria. Le politiche di conciliazione, quindi, diventano centrali nell'analisi post moderna del rapporto che intercorre con la pedagogia e che apre a quella nuova forma di welfare che trasla la propria azione da assistenziale a funzione di sostegno. L'esempio Puglia, in questo senso, rappresenta qualcosa di innovativo, seppur ancora perfettibile e suscettibile di continue modificazioni e modulazioni. La categoria della relazione, il senso di un agire responsabile, declinato sul versante della unicità e singolarità dell'identità dell'uomo, il rispetto per la dignità in quanto caratteristica essenziale dell'umano, non dimenticando

> il carattere debole e plurale delle affermazioni moderne riguardanti l'uomo, la sua dignità, il suo fine, il suo progetto di umanizzazione e di perfettibilità, le quali assumono la complessità antinomica del nostro tempo e, dentro alla complessità, disegnano molti e contrastanti orizzonti di legittimazione delle molte e contrastanti scelte educative dell'oggi, quale che sia il contesto sociale e culturale in cui si realizzano[13],

e in definitiva la rivalutazione del concetto di persona, rappresentano il nuovo punto di partenza per una riforma delle politiche sociali che miri alla realizzazione del bene comune.

[13] A. Chionna, *Pedagogia della dignità umana*, cit., p. 13.

6.2 *Scenari futuri di riforma del Welfare*

Riprendere la discussione sugli scenari futuri delle politiche di welfare rappresenta una sfida ardua che racchiude, già al proprio interno, interrogativi irrisolti. A partire dagli anni Ottanta si è venuto a diffondere in Italia un approccio interpretativo delle dinamiche di definizione e costituzione dello Stato di benessere fondato sulla promozione dei valori della partecipazione e su una maggiore attenzione alle peculiarità socio-culturali comunitarie per una nuova modalità di intendere le politiche sociali. Questo filone teorico trova nel pensiero di Achille Ardigò i propri principi fondanti, quando l'autore rivolge la propria attenzione all'improvviso emergere nel panorama italiano di associazioni di volontariato operanti proprio in quei settori in cui venivano meno gli interventi previsti in ambito di programmazione sociale e in un periodo storico immediatamente successivo al momento culminante di espansione del Welfare State.

Si delinea, quindi, un panorama di crisi sostanziale che è crisi del ruolo della società civile e del proprio spazio intermedio: «quello spazio pubblico con funzioni politiche ma di società civile, uno spazio di scambi simbolici allargati, ma aperto all'influenza dei mondi vitali, esterni ai centri di controllo del sistema, e non irrilevante quanto ad influenze su di esso»[14]. Ci sono nuove sfide alle quali far fronte e il sistema occidentale di welfare, dopo l'epoca d'oro degli anni Ottanta e Novanta del Novecento, non può sottovalutarne almeno per tre aspetti, che sono poi le tre macro aree di sviluppo del processo di crisi: area economica, ovvero il contenimento dei costi crescenti associati ai vecchi rischi sociali, come ad esempio le pensioni; area storica, quindi come adattare i tradizionali sistemi di welfare ai nuovi rischi sociali; area politica, e perciò analizzare in che modo si possono adattare i modelli di governo e di *governance* dei sistemi di welfare a un contesto ambientale più complesso.

Lo spazio intermedio venutosi a creare a seguito del progressivo allontanamento dei soggetti istituzionali da quelli della società civile può essere colmato, secondo l'autore, dalle differenti forme assunte dal volontariato sociale nell'ambito dei servizi alla persona. Il volontariato potrebbe difatti porsi come attore intermedio e mediatore tra gli elementi dicotomici della crisi del Welfare State, in virtù delle

[14] A. Ardigò, *Crisi di governabilità e mondi vitali*, Cappelli, Bologna 1980, pp. 73-74.

caratteristiche peculiari della propria natura sociale in grado di generare nuove e dinamiche modalità interrelazionali e di promuovere la partecipazione di differenti attori sociali[15]. Lo Stato non verrebbe così a essere delegittimato dall'azione dei soggetti del volontariato e del privato sociale, definito da Ardigò *terza dimensione*[16], ma verrebbe invece affiancato da questi nella sua opera di diffusione delle azioni di protezione e di integrazione sociale attraverso l'affermazione del principio di partecipazione.

L'azione partecipativa proposta e sostenuta dagli attori della società civile ha l'obiettivo di estendere quella modalità di attivazione sociale, di presa in carico delle proprie responsabilità, al fine di estendere il coinvolgimento del maggior numero di persone nell'azione stessa. Una formazione del cittadino «intesa come apprendimento che diventa *sapere di vita*, ossia speso e spendibile come *proprio*»[17]. Il pensiero di Achille Ardigò, quindi, è stato successivamente ripreso da Pierpaolo Donati nel proprio sforzo interpretativo volto allo studio delle relazioni, più che delle contrapposizioni, esistenti e osservabili tra il sistema istituzionale dei servizi alla persona e i mondi vitali. Donati orienta in modo sostanziale il proprio lavoro di ricerca verso l'ambito delle relazioni informali che si esplicano nella società contemporanea e che, secondo sentieri di elaborazione avulsi dal contesto, dalle dinamiche e dalle logiche istituzionali, si rivelano capaci di produrre servizi e assistenza in forma sufficientemente efficace e, contestualmente, efficiente. L'autore definisce il modello di welfare derivante da questo approccio teorico con l'espressione *welfare relazionale*. La trasformazione dei modelli di welfare tradizionali a modelli *societari* o *relazionali*, nella teoria elaborata da Pierpaolo Donati si fonda su una nuova concezione della cittadinanza intesa come *cittadinanza societaria*, espressione già utilizzata da Achille Ardigò e approfondita in seguito da Donati[18].

[15] Cfr. A. Ardigò, *Democrazia e partecipazione*, in C. Cipolla, *La partecipazione politica*, Città Nuova Editrice, Roma 1978, p. 65.

[16] Cfr. A. Ardigò, *Volontariato, welfare state e terza dimensione*, in "La Ricerca Sociale", 25, 1981, p. 33.

[17] A.C. Scardicchio, *La vita come paradigma della ricerca e della formazione*, in V.A. Baldassarre (a cura di), *La vita come paradigma. L'autobiografia come strategia di Ricerca-Form-Azione*, Edizioni dal Sud, Bari 1999, p. 216.

[18] Per un approfondimento si veda P. Donati, *Le frontiere della politica sociale*, FrancoAngeli, Milano 1985, e P. Donati, *La cittadinanza societaria*, Laterza, Roma-Bari 2000; P. Donati, G.B. Sgritta (a cura di), *Cittadinanza e nuove politiche sociali*, FrancoAngeli, Milano 1992.

Il modello relazionale del welfare societario plurale apre scenari inediti poiché in esso tutti i soggetti del privato sociale collaborano e coordinano i propri sforzi per la costruzioni di nuove legature, di nuove trame tra gli attori coinvolti. Il frutto di questa operatività solidale è la costruzione di una nuova articolazione sociale, di un nuovo tessuto sociale connettivo in cui lo Stato non impone la propria azione coercitiva, e i propri strumenti di controllo e regolazione sociale, attraverso il monopolio della gestione del welfare e dei servizi da esso forniti, ma in cui tutti i soggetti sociali sono coinvolti in un percorso di riappropriazione della responsabilità di scelta e di azione per la salvaguardia del proprio benessere relazionale, spirituale e fisico. Sostanzialmente, il welfare societario plurale, per la propria e più completa realizzazione, necessita di una reale integrazione con l'apparato istituzionale che regola la realizzazione dei servizi alla persona. Solo attraverso una fattiva relazione tra le due sfere del vivere sociale sarà possibile che gli amministratori pubblici comprendano che «sempre meno le politiche sociali possono essere decise dal sistema politico amministrativo come centro decisionale autonomo. Quando lo sono, sempre meno le decisioni possono essere messe in atto, e, là dove si cerca di procedere implementando programmi predefiniti, emergono crescenti effetti inattesi e perversi»[19].

In questo modo potremmo affermare che i servizi alla persona generati all'interno delle nuove politiche sociali territoriali sono di fatto i risultati dell'attivazione relazionale di determinati ambiti e risorse del capitale sociale, inteso quale proprietà strutturale dello stesso territorio, da cui scaturiscono strategie di cura ed attori, per esempio il privato sociale: «per capitale sociale intendiamo la fiducia, le norme che regolano la convivenza, le reti di associazionismo civico, elementi che migliorano l'efficienza dell'organizzazione sociale promuovendo iniziative prese di comune accordo»[20].

Questa interpretazione di capitale sociale diviene ancora più attuale, ancora più tangibile, proprio alla luce della recente normativa riguardante la decentralizzazione dei servizi alla persona. In tale contesto, difatti, le comunità, i territori, le istituzioni di prossimità e il privato sociale attivano le proprie risorse, anche in termini di capitale sociale, per la realizzazione di prassi comunitarie che siano efficienti, oltre che efficaci a superare situazioni oppure singoli e specifici fenomeni di

[19] P. Donati, *Teoria relazionale della società*, cit., p. 309.

[20] R. Putnam, *La tradizione civica nelle regioni italiane*, Mondadori, Milano 1993, p. 196.

criticità. La promozione degli strumenti derivanti dal capitale sociale e dalle relazioni sociali in essere nel territorio determinerà, di conseguenza, la realizzazione di pratiche comunitarie più equilibrate rispetto a strumenti a disposizione, alle modalità implementative conosciute e alle emergenze su cui intervenire.

Il breve percorso teorico affrontato in questa sede pone in evidenza la tendenza del legislatore a decentralizzare la gestione dei servizi alla persona verso la progressiva costituzione di un *welfare territoriale*. Al contempo le elaborazioni concettuali sul percorso di morfogenesi dello Stato di benessere hanno fatto emergere le tendenze alla destrutturazione del tradizionale Welfare State verso la costituzione di nuovi modelli in cui vengono coinvolti nuovi attori e in cui vengono altresì previsti degli spazi comunitari di convergenza tra i diversi attori per la contrattazione, l'elaborazione e la definizione di prassi innovative e peculiari, con l'auspicio che la sperimentazione ne riveli anche un aspetto di eccellenza.

In un quadro così definito il contributo della pedagogia risulta, evidentemente, fondamentale e imprescindibile, allorché si guardi, sostanzialmente, al bene comune e all'esaltazione dell'eccellenze dell'umano, ripartendo ad esempio dalla sfera affettiva. Vi è, quindi, un *sentire* che non appartiene solo alla sfera delle passioni e degli istinti, ma è parte rilevante di quella *identità personale* che è la nostra identità morale e che abbiamo visto essere luogo fondamentale di percezione della propria dignità e condizione di percezione della dignità altrui. La sensibilità affettiva apre alla percezione della bellezza di un volto, della brutalità di un gesto, alla qualità di un incontro, all'immenso campo degli atti empatici che Edith Stein ha esplorato nelle loro principali proprietà[21]. In questo senso la sfera affettiva è precisamente la sfera di quella che possiamo chiamare la profondità o anche l'interiorità e l'ulteriorità della persona.

Per approfondire ulteriormente gli aspetti pratici dell'attuazione di un nuovo sistema di welfare, potremmo ricorrere all'esempio scozzese, tralasciando i dettagli burocratici della riforma e soffermandoci, possibilmente, sulle riflessioni che scaturiscono da un impianto normativo che muove dall'esperienza sociologica e pedagogica.

L'azione riformista delle istituzioni nazionali, anche in contesti caratterizzati da *devolution*, in genere si limita a indicare le regole e i percorsi che le istituzioni locali dovrebbero seguire per raggiungere gli obiettivi pre-

[21] Cfr. E. Sthein, *L'empatia*, FrancoAngeli, Milano 1992, p. 42.

fissati a un livello decisionale superiore. In questi casi non sembrerebbe esserci uno scambio ma il rapporto sembrerebbe essere di tipo direttivo, caratterizzato cioè da quella direttività che non bada alla sostenibilità sociale degli interventi proposti, oppure imposti, ma che mira solo al raggiungimento di obiettivi in termini economicamente sostenibili.

Il percorso che porta all'integrazione dei servizi socio-sanitari viene chiaramente riconosciuta come una modalità di rinnovamento che dovrebbe garantire una più alta qualità dei servizi stessi attraverso la costruzione di una prassi lavorativa che favorisca il lavoro di squadra tra professionalità differenti e che stimoli alla cooperazione i differenti attori sociali investiti del compito di erogare i servizi, siano essi soggetti privati oppure istituzionali, e soprattutto integri in questo processo la vita della persona in senso totale. Infatti, il valore della vita dipende, in tal modo, dalla capacità di vivere percorsi esistenziali validi per noi e giustificabili anche da un punto di vista universale. Ne conseguono non solo le offese al vivere (delitti, guerre, miserie, [...]), ma soprattutto le difese, la tutela del vivere umano, in quanto vita della persona, di ciascuna persona, come forme condivise di riconoscimento del valore della vita, della vita di ciascuna persona, della mia vita e, quindi, di realizzazione del primo e fondamentale compito-obiettivo dell'educazione alla vita[22].

La situazione iniziale, sulla quale la progettazione di servizi integrati è intervenuta, presentava uno scenario caratterizzato da grandi squilibri relativi, innanzitutto, all'ambito dell'organizzazione e di erogazione dei servizi pubblici e, successivamente, alle conseguenti aspettative di salute della popolazione. Per creare un sistema di servizi che sia realmente vicino alla popolazione, questo dovrebbe, in prima istanza, garantire il proprio carattere democratico, inteso come una concreta capacità di raggiungere tutta la popolazione, ed essere a sua volta raggiungibile da questa in tutte le aree del territorio nazionale.

Nel documento dal titolo *Better Health, Better Care. A Discussion Document*[23], utile come esempio per tracciare scenari futuri di ricerca e di implementazione delle politiche sociali, pubblicato nel marzo del 2007, vengono esposti alcuni dei passaggi fondamentali riguardanti gli orientamenti attuali dell'attuazione della riforma del NHS Scotland. In particolare, le azioni specifiche d'intervento vengono esplicate in modo molto preciso,

[22] Cfr. L. Pati, *Progettare la vita*, La Scuola, Brescia 2004, p. 31.

[23] Per un'analisi maggiore del documento si rinvia a Scottish Executive, *Better Health, Better Care*. A Discussion Document, The Stationery Office, Edinburgh, 2007.

partendo dalla promozione di una positiva esperienza dei pazienti nel sistema di cura alla persona: ciò significa che i diritti del paziente verranno definiti e garantiti, e che ogni persona verrà coinvolta nelle decisioni che verranno prese riguardo il proprio percorso di cura attraverso una costante decentralizzazione nell'erogazione dei servizi di cura; maggiore attenzione nell'uso dei fondi stanziati, ovvero la popolazione sarà rassicurata sul fatto che i loro soldi, quindi i fondi stanziati dal governo e derivanti sostanzialmente dal prelievo fiscale, vengano utilizzati nel miglior modo possibili e per destinare costantemente nuove risorse ai servizi di prossimità, attraverso l'aumento della produttività, degli standard ed eliminando le spese inutili; assunzione di responsabilità[24]; combattere le disuguaglianze di chance di salute, in verità, questo principio viene posto nel cuore del programma operativo, insieme a un maggiore orientamento delle risorse nei servizi che sono più prossimi alle comunità e alle persone svantaggiate e a una maggiore attenzione nell'identificazione di quei bisogni sanitari più diffusi nella società; prevenzione e cura delle patologie "a lungo termine", che nello specifico guardano sia alla prevenzione che al sostegno delle persone e dei gruppi famiglia; il miglior inizio possibile, cioè un punto specifico d'intervento che è rivolto in particolare ai genitori ed è volto a garantire una adeguata assistenza durante i primi anni di vita dei loro figli anche nelle aree rurali e in quelle più problematiche; e, infine, il continuo sviluppo della tutela della salute, obiettivo fondamentale del NHS Scotland, che, inoltre, mira ad aumentare costantemente il livello delle prestazioni attraverso la diffusione di una cultura della qualità dei servizi.

[24] Oltre agli approfondimenti pedagogici, in particolare A. Chionna, *Pedagogia della responsabilità*, cit.; H. Jonas, *Il principio responsabilità*, cit. Per quanto riguarda, però, il termine responsabilità nello specifico significato che ha assunto in questi ultimi anni all'interno dello scenario di mutamento delle politiche sociali, citiamo una interessante riflessione fatta da Bode. Secondo lo studioso le più recenti dinamiche di mutamento del Welfare State sono state caratterizzate da un marcato sbilanciamento dei principi di protezione verso una dimensione sempre più personale, a volte anche individualistica. Ovvero, mentre nel XX secolo i servizi di Welfare State vedevano lo Stato responsabile dell'erogazione dei servizi stessi, ovviamente in quei contesti in cui il mercato non agiva, ora, con l'affermazione del Welfare Mix, il principio di responsabilità si è venuto progressivamente a definire in termini di *individual initiative*, cioè l'iniziativa privata viene promossa e supervisionata dallo Stato che si fa quindi garante del principio di equità e giustizia sociale. I. Bode, *The Culture of Welfare Markets in International Perspective*, relazione presentata all'interno del ciclo di lezioni seminariali organizzate da The School of Social and Political Studies, University of Edinburgh, Edinburgh, 12 ottobre 2007.

In altre parole, risulta necessario ripensare il senso dell'uomo immerso nella società e recuperare quel concetto di persona, rapportato a quello di cittadinanza, che vede nascere una nuova idea dell'essere umano. Questa modalità di interpretare e di declinare la realtà sociale e i propri attori ha portato alla definizione del modello ideale di cittadino come *homo civicus*, inteso cioè come «soggetto coinvolto in legami sociali. Esso è qualificato da una elevata [...] autonomia della scelta associata alla responsabilità, una originalità aperta all'altro e a noi. L'*homo civicus* si qualifica, quindi, per l'esercizio di una libertà responsabile, capace di farsi carico dei vincoli di solidarietà che sono inerenti ai legami sociali in cui esso è coinvolto»[25]. Il suo agire solidale permette al singolo di porre in essere una prassi che tenga conto dei benefici che ne conseguiranno per se stesso e per gli altri, costruendo una *solidarietà* intesa come *virtù sociale*[26].

L'*homo civicus* descrive compiutamente le caratteristiche peculiari ideali del cittadino promotore, ideatore e attuatore di nuove pratiche partecipative per la realizzazione di servizi alla persona in ambito territoriale. La pratica al confronto e al dialogo intersoggettivo e interistituzionale parrebbe, quindi, essere la chiave di volta delle azioni che vengono a definirsi nella nuova arena sociale, nella nuova agorà in cui gli attori sociali tutti, istituzionali, del privato sociale, della sfera del mercato e della cittadinanza, concorrono alla rigenerazione del principio sociale di cura dell'altro. I servizi alla persona potrebbero, così, promuovere concretamente buone prassi non solo secondo forme di sapere tecnico ma anche attraverso la valorizzazione dell'aspetto umano delle criticità sociali emergenti, per una più equa diffusione del benessere all'interno dello scenario di mutamento delle politiche sociali nazionali ed internazionali.

C'è oggi una domanda inevasa di senso non solo nel lavoro, nella produzione e nel consumo, ma ancor più nella qualità della relazione umana, cui la formazione deve cercare di rispondere, fornendo ragioni credibili per l'impegno delle singole persone e delle loro reti sociali. La risposta a questa domanda di senso è fornita necessariamente dalle comunità[27].

[25] Cfr. V. Cesareo, I. Vaccarini, *La libertà responsabile. Soggettività e mutamento sociale*, Vita e Pensiero, Milano 2006, p. 75.

[26] Cfr. G. Elia, *Prospettive di ricerca pedagogica*, cit., pp. 29-30.

[27] U. Margiotta, *Competenze, capacitazione e Formazione: dopo il Welfare*, in G. Alessandrini (a cura di), *La pedagogia di Martha Nussbaum. Approccio alle capacità e sfide educative*, FrancoAngeli, Milano 2014, p. 45.

Questo lavoro vuole lasciare aperta la porta a una esplorazione critica del passato, e delle gestioni storicamente caratterizzanti delle politiche di welfare, provando a tracciare nuovi orizzonti di pensiero che, sulla scorta dell'insegnamento pedagogico, possano dar vita a buone prassi di sostegno alla persona, e siano soprattutto veicolo per una prospettiva futura sempre tesa al bene comune e a quel senso totale del diritto di cittadinanza. L'idea di base, riveniente dall'esperienza propria della pedagogia e ancor prima dall'antropologia e dalla filosofia, e che vede la persona al centro di un più ampio discorso di rispetto delle singole identità, è che la *differenza* si fa nuovo principio di uguaglianza universale e i diritti a essa connessi si fanno lotta contro le discriminazioni, i rifiuti di cittadinanza. Come ha sostenuto Charles Taylor, lo spostamento di attenzione dall'uomo singolo all'uomo situato ridefinisce la particolarità e specificità dei diritti, obbliga trattamenti differenziati, verso un'attestazione di dignità che acquista sensibilità contestualizzata nella differenza e perciò si fa più concreta e reale[28]. Il concetto espresso dall'autore è il veicolo per rintracciare la via percorribile di ripensamento per la nascita di una nuova idea di Welfare State, una nuova prospettiva di costruzione della persona fondata sui diritti, sulla dignità e sul rispetto che muovono dalla costatazione delle diversità di ognuno dei protagonisti, al fine di rimarcare l'importanza di un senso di cittadinanza fondato sulla ricerca del bene comune.

[28] Cfr. C. Taylor, *Multiculturalismo. La politica del riconoscimento*, Anabasi, Milano 1993, pp. 59-60.

CONCLUSIONI

Il presente volume intende avviare un percorso di costruzione di una prospettiva futura, neanche troppo velata, di riforma netta e sostanziale delle politiche sociali in materia di welfare, muovendosi su di un binario preciso che trae esempio e costrutto dalla Pedagogia Sociale e che con essa trova la nuova via di riforma. Risulta chiaro, quindi, che per intraprendere un cammino così complesso, percorso non immune da punti di debolezza, ma che racchiude al contempo moltissimi spunti di riflessione, bisognava partire dall'impianto epistemologico della Pedagogia sociale per rintracciare la base fondante della ricerca. Il *problema*, ovvero la possibilità di dimostrare che la Pedagogia può essere realmente lo strumento utile a una nuova idea di welfare, e può dare il via a un nuovo corso in materia di riforme sociali, è risultato essere tema reale e per certi aspetti già presente in alcune analisi di studiosi del settore. Come insegna Giuseppe Flores d'Arcais, «sempre l'educazione, progettata o realizzata, è un agire che, come ogni altra prassi, tende a un obiettivo. Essa ha un carattere teologico non escludente l'aspetto assiologico, perché non si tratta di considerare un fine (*telos*), bensì quel fine che permette di qualificare pedagogicamente, in virtù di esso»[1].

L'interdisciplinarità della tematica, inoltre, ha prodotto numerosi stimoli di analisi pratica del welfare, partendo dal dato storico e dagli esempi nord europei, fino a giungere al sistema italiano. Naturalmente si tratta di una questione complessa che non presuppone solo un'analisi pedagogica e che non si esaurisce nel contributo delle scienze dell'educazione. È, però, altrettanto vero che ci troviamo di fronte a un quadro storico che troppo spesso ha messo da parte l'insegnamento pedagogico per soffermarsi, piuttosto, al dato sociologico o, ancor peggio, esclusivamente a quello economico. La *pratica al confronto* e al *dialogo* intersoggettivo e interistituzionale parrebbe, quindi, essere la chiave di

[1] G. Flores d'Arcais, *Orizzonti della pedagogia*, cit., pp. 53-54.

volta delle azioni che vengono a definirsi nella nuova arena sociale, nella nuova *agorà* in cui gli attori sociali tutti, istituzionali, del privato sociale, della sfera del mercato e della *cittadinanza*, concorrono alla rigenerazione del principio sociale di *cura* dell'altro.

Così come inteso, il filo rosso della ricerca si è mosso sulla scorta dei contributi di molti pedagogisti ma, principalmente, dall'idea di riforma di welfare che Piero Bertolini, nel volume *La responsabilità educativa*, individuava in modo netto: ovvero, tralasciare il dato economico, vero responsabile della crisi del Welfare State, perché unico motore della politica riformista in materia dell'ultimo secolo, e aprire a una riflessione, puntuale e pratica, del punto di vista pedagogico del welfare. Perché la dimensione economica «è certamente necessaria e indispensabile, ma se non viene in un cero senso declinata con fattori socioculturali e persino psicologici, dunque con fattori gestiti prevalentemente in chiave pedagogica, o forse sarebbe meglio dire psico-socio-pedagogica, non offre soluzioni capaci di perdurare nel tempo, né completamente convincenti»[2].

I servizi alla *persona* potrebbero così promuovere concretamente buone prassi non solo secondo forme di sapere tecnico ma anche attraverso la valorizzazione dell'aspetto umano delle criticità sociali emergenti, per una più equa diffusione del *benessere* all'interno dello scenario di mutamento delle politiche sociali nazionali ed internazionali. Per queste ragioni, un simile lavoro di ricerca vuole presentarsi come l'inizio di una riflessione, di un percorso esplorativo, che parte dalla realtà critica in cui il *welfare territoriale* cerca una propria modalità implementativa, per accompagnare il percorso di realizzazione di un piano unitario di servizi alla persona verso esperienze che creino le buone *prassi* a partire dal superamento e dalla rielaborazione comunitaria delle criticità e dei fallimenti precedenti.

Non di meno, guardando ad alcune delle categorie pedagogiche fondamentali, quali la *responsabilità* e la *relazione*, abbiamo inteso puntare il focus d'attenzione sul concetto di *persona*, pedagogicamente caratterizzata, intravedendo i numerosi punti di contatto con la nuova idea di welfare che comincia a palesarsi in molti contesti regionali. L'aspetto pratico, che costituisce una parte importante della Pedagogia, intesa tradizionalmente come teoria e metodologia dell'educazione, non si esaurisce in se stessa, ma necessita della *relazione*, del dialogo stretto,

[2] P. Bertolini, *La responsabilità educativa. Studi di pedagogia sociale*, cit., p. 37.

con le varie teorie dell'educazione, come ad esempio quelle di natura filosofica e teologica. Analizzare tutti gli aspetti, certamente, sarebbe stato lavoro dispendioso e poco attinente a ciò che si voleva dimostrare; quindi, abbiamo preferito soffermarci sulla riforma regionale pugliese, Legge Regionale 10 luglio 2006, numero 19, *Disciplina del sistema integrato dei servizi sociali per la dignità e il benessere delle donne e degli uomini della Puglia*, e alle sue successive modificazioni in tema di linee d'intervento, come esempio importante, e dimostrazione pratica, dei punti di contatto tra il welfare e la pedagogia. Certamente non si tratta dell'unico esempio storico, con un passato che ci ha fornito numerosi spunti: dai primi passi del welfare inglese, vero motore dell'idea europea, passando per l'esperienza norvegese, le riforme in materia hanno subito numerose modificazioni e, in taluni casi, si è cominciato a costruire quel percorso, più vivo certamente nell'esperienza pugliese, di supporto e collaborazione interdisciplinare con la Pedagogia Sociale e i suoi aspetti fondativi.

In breve, le ridotte dimensioni dell'ambito territoriale sembrerebbero rendere più semplice il compito di coordinamento tra istituzioni territoriali per via delle notevoli somiglianze tra i rispettivi contesti socio-economici. Ciò avrebbe consentito di elaborare quella *progettualità* di implementazione dei servizi alla persona che racchiudesse le tipologie più adeguate di azioni integrate da attuare in modo diffuso su tutto il territorio di riferimento. Quest'ultimo passaggio ha richiesto, e nella maggior parte dei casi ha di fatto esperito, la partecipazione concertata di numerosi attori della sfera istituzionale e della società civile nei luoghi della programmazione condivisa degli interventi, sviluppando così eccellenti esperienze di integrazione *inter* e *infra* istituzionale. Il compito della riforma attuata in Italia e, nel nostro caso specifico, in Puglia sembrerebbe divenire allora più arduo del previsto. Costruire dei ponti tra *identità* che fino a ora hanno comunicato di rado, e altrettanto raramente hanno collaborato tra loro, non può risolversi nella ennesima manifestazione di una volontà istituzionale che impone una nuova norma di comportamento tra agenzie e agenti sia istituzionali sia del privato sociale. Burocratizzare questi rapporti, farli nascere già cristallizzati in origine, non pare essere una attendibile garanzia di efficacia.

In queste circostanze, quindi, si rende necessario intervenire per un livello più profondo, cioè entrare all'interno delle trame dinamiche del tessuto sociale della reale vita quotidiana delle istituzioni e di coloro che in queste operano. Promuovere una nuova propensione all'apertura, al confronto, all'attenzione e al dialogo verso un obiettivo professionale che consiste nel garantire i migliori servizi possibili alla comunità, in risposta alle reali e più immediate esigenze, al fine di garantire uguali livelli di *benessere* a tutti. Questi principi potrebbero fondare i presupposti per la nascita di nuovi soggetti garanti di un orientamento propositivo che mira al perseguimento di una nuova forma di *benessere* derivante sia dall'integrazione dei servizi e dei soggetti preposti a offrirli e garantirli, sia dall'integrazione di questi con i soggetti collettivi e le persone che abitano e vivono il territorio. Una nuova opportunità risulta quanto meno necessaria per creare delle politiche sociali contestualizzate e collaborative; inoltre, potrebbe rivelarsi una opportunità anche per creare nuove forme di sviluppo contestualizzato e collaborativo, attraverso percorsi originali, perché nascono da crocevia di esperienze prima estranee, anche col rischio di sbagliare, perché nell'affrontare nuove esperienze si corre il rischio di commettere degli errori.

Allo stesso tempo e modo, il percorso italiano di *governance*, votato a una politica di decentramento delle competenze relative ai servizi alla *persona* sembrerebbe generare una tendenza generale alla convergenza, attraverso la promozione dei principi di condivisione delle buone prassi; cioè si mira a riaffermare il principio già espresso precedentemente secondo cui si potrà creare una politica efficiente ed efficace anche dalla propensione al rischio, dall'attitudine alla riflessione orientata a far emergere gli aspetti più positivi e propositivi presenti anche, e in alcune circostanze soprattutto, nelle esperienze negative o fallimentari. Il welfare, per definizione, come riportato anche nell'Enciclopedia Treccani, è quel complesso di politiche pubbliche messe in atto da uno Stato che interviene, in un'economia di mercato, per garantire l'assistenza e il benessere dei cittadini, modificando in modo deliberato e regolamentato la distribuzione dei redditi generata dalle forze del mercato stesso; comprende, pertanto, il complesso di politiche pubbliche dirette a migliorare le condizioni di vita dei cittadini. Un'altra interessante definizione, teorizzata da Gough, vede il welfare come l'uso del potere dello Stato volto a favorire l'adattamento della forza lavoro ai continui cambiamenti del mercato e a mantenere la popolazione non lavorativa in una società capitalistica. Di contro, esiste un problema economico sostanziale, in termini di spesa, che è ben teorizzato da Misha, il quale ritiene che tale aumento della spesa pubblica tenda ad assumere carattere permanente a causa prevalentemente della competizione politica e della pressione dei gruppi di interesse, dando origine a una situazione di rigidità e di ridotta capacità di intervento della politica economica.

La soluzione a queste problematiche che sono poi causa scatenante di una crisi globale del welfare presuppone inevitabilmente un percorso di cooperazione a tutto tondo.

Il concetto di *cooperazione sociale*, teorizzato da Georg Simmel, diventa base costruttiva di una nuova idea di ridefinizione delle politiche sociali territoriali, connotandosi in riferimento all'esperienza locale e ai dettami pedagogici e sociologici superando la questione meramente economica. Tendere, quindi, alla ricerca di quello Stato di *benessere* che muove, sostanzialmente, dal rispetto e dal riconoscimento del concetto di *dignità* dell'uomo, e il rispetto della singola *identità* della persona nel rapporto e in *relazione* con l'altrui. In particolare, proprio termini quali *dignità* e *benessere* sono stati al centro dell'intero volume che, non mira a dettare una verità assoluta, né tanto meno si propone di avere la ricetta giusta ai problemi e alla crisi del Welfare State; piuttosto, si è cercato, con l'ausilio di esempi pratici di collaborazione e cooperazione tra le discipline, di dimostrare l'importanza del contributo pedagogico nella costruzione di una nuova riforma del welfare, locale e nazionale, rispondendo alla domanda di *dignità* che, si esprime sul piano pratico della responsabilità delle scelte nei riguardi del proprio sé e dell'altro, e nella sua proiezione teorica si nutre di riflessioni che superano l'antica distinzione tra un uomo della metafisica e uomo come prodotto di cultura e si orientano verso la tesi che il rispetto non è dovuto all'uomo in quanto specie umana avente una particolare dignità tra le altre specie, ma per la *titolarità della persona a dare pienezza ai propri atti personali*[3].

[3] Cfr. V. Balzano, *Pedagogia e politiche sociali per un nuovo welfare state*, cit., in G. Elia (a cura di), *La complessità del sapere pedagogico tra tradizione e innovazione*, cit., p. 183.

BIBLIOGRAFIA

Acone G. (1997), *Antropologia dell'educazione*, La Scuola, Brescia.

Acone G. (2013), *Di generazione in generazione*, Pensa, Lecce.

Acone G. (1991), *L'orizzonte culturale del nostro tempo e l'educazione ai valori: dalla sopravvivenza al progetto esistenziale*, in L. Santelli Beccegato (a cura di), *Bisogno di valori. Per un rinnovato impegno educativo nella società contemporanea*, La Scuola, Brescia.

Acone G. (2004), *La paideia introvabile. Lo sguardo pedagogico sulla post-modernità*, La Scuola, Brescia.

Acone G. (2013), *Orizzonte teorico e pedagogia tra umanesimo e postumanesimo*, Pensa, Lecce.

Ageing Working Group (2012), *The 2012 Ageing Report-Economic and Budgetary Projections fot the 27 EU Member States (2010-2060)*, European Commission, Brussel.

Alcock P., Erskine A., May M. (2003), *The Student's Companion to Social Policy*, Blackwell, Oxford.

Alessandrini G. (2014), *La pedagogia di Martha Nussbaum. Approccio alle capacità e sfide educative*, FrancoAngeli, Milano.

Ambrosini M. (2012), *Governare città plurali. Politiche di integrazione per gli immigrati in Europa*, FrancoAngeli, Milano.

Ardigò A. (1980), *Crisi di governabilità e mondi vitali*, Cappelli, Bologna.

Ardigò A. (1976), *Crisi economica e welfare state: tre interpretazioni e una speranza*, in "La Ricerca Sociale", 15.

Ardigò A. (1985), *Dallo stato assistenziale al welfare state*, in G. Rossi, P. Donati (a cura di), *Welfare state. Problemi e alternative*, FrancoAngeli, Milano.

Ardigò A. (1978), *Democrazia e partecipazione*, in C. Cipolla, *La partecipazione politica*, Città Nuova Editrice, Roma.

Ardigò A. (1997), *Pluralismo e servizi sociali*, Fondazione Zancan, Padova.

Ardigò A. (1981), *Volontariato, welfare state e terza dimensione*, in "La Ricerca Sociale", 25.

Arendt H. (2006), *L'umanità in tempi bui*, Raffaello Cortina Editore, Milano.

Baldassarre V.A. (1999), *La vita come paradigma. L'autobiografia come strategia di Ricerca-Form-Azione*, Edizioni dal Sud, Bari.

Baldock J., Manning N., Vickerstaff S. (2003), *Social Policy*, Oxford University Press, Oxford.
Barbieri P., Fullini G. (2014), *Lavoro, istituzioni, diseguaglianze. Sociologia comparata del mercato del lavoro*, il Mulino, Bologna.
Bauman Z. (1999), *La società dell'incertezza*, il Mulino, Bologna.
Bauman Z. (1999), *La società della gratificazione istantanea in culture differenti. Europa e Nord America*, in "Concilium", n. 35.
Bauman Z. (2000), *La solitudine del cittadino globale*, Feltrinelli, Milano.
Bauman Z. (2010), *Le sfide dell'etica*, Feltrinelli, Milano.
Bauman Z. (2009), *Vite di corsa. Come salvarsi dalla tirannia dell'effimero*, il Mulino, Bologna.
Bauman Z. (2010), *L'arte della vita*, Laterza, Roma-Bari.
Bellingreri A. (2014), *La sfida dell'educativo nella società liquida*, in G. Elia (a cura di), *Le sfide sociali dell'educazione*, FrancoAngeli, Milano.
Berlin I. (1989), *Quattro saggi sulla libertà*, Feltrinelli, Milano.
Bernocchi R. (1984), *Le scuole di servizio sociale in Italia. Aspetti e momenti della loro storia*, Fondazione Zancan, Padova.
Berti E. (1991), *Valori e dinamiche politiche*, in L. Santelli Beccegato (a cura di), *Bisogno di valori. Per un rinnovato impegno educativo nella società contemporanea*, La Scuola, Brescia.
Bertolini P. (2005), *Ad armi pari. La pedagogia a confronto con le altre scienze sociali*, UTET, Torino.
Bertolini P. (2003), *Educazione e Politica*, Raffaello Cortina Editore, Milano.
Bertolini P. (1996), *La responsabilità educativa. Studi di pedagogia sociale*, il Segnalibro, Torino.
Bimbi F., Ruspini E. (2000), *Genere e povertà*, in "Inchiesta" (numero monografico), 30.
Bode I. (2007), *The Culture of Welfare Markets in International Perspective*, in *The School of Social and Political Studies*, University of Edinburgh, Edinburgh.
Bortoli B. (1997), *Teoria e storia del servizio sociale*, Carocci, Roma.
Borzaga C., Fazzi L. (2005), *Manuale di Politica Sociale*, FrancoAngeli, Milano.
Brezinka W. (1994), *Morale ed educazione. Per una filosofia normativa dell'educazione*, Armando, Roma.
Campanini G. (1987), *Personalismo e democrazia*, Edizioni Dehoniane, Bologna.
Canfora L. (1997), *L'educazione del genere umano*, Sellerio, Palermo.
Castel R. (1997), *Disuguaglianza e vulnerabilità sociale*, in "Rassegna Italiana di Sociologia", n. 1.
Castle F.G., McKinlay R. (1979), *Public Welfare Provision, Scandinavia and the Sheer Futility of the Sociological Approach to Politics*, in "British Journal of Political Science", n. 9.
Cesareo V., Vaccarini I. (2006), *La libertà responsabile. Soggettività e mutamento sociale*, Vita e Pensiero, Milano.

Chionna A. (2012), *Giovani e senso di responsabilità*, in A. Chionna, G. Elia, L. Santelli Beccegato (a cura di), *I giovani e l'educazione. Saggi di pedagogia*, Guerini Studio, Milano.
Chionna A. (2007), *Pedagogia della dignità umana. Educazione e percorsi del rispetto*, La Scuola, Brescia.
Chiosso G. (2002), *Elementi di Pedagogia. L'evento educativo tra necessità e possibilità*, La Scuola, Brescia.
Colazzo S. (2002), *Il museo e la formazione sociale tra storia e territorio*, Amaltea, Castrignano dei Greci (Lecce).
Colazzo S. (2009), *Pedagogia, cittadinanza sociale ed etica della comunicazione (mediata)*, in "REM. Ricerche su educazione e media", rivista semestrale della SIREM, Erikson, Trento, n. 1.
Colazzo S. (2008), *Piero Bertolini e la pedagogia scout*, in "Studi e Ricerche", rivista quadrimestrale del Dipartimento di Scienze Pedagogiche, Psicologiche e Didattiche dell'Università del Salento, Lecce, n. 16.
Colazzo S., Patera S. (2008), *Verso un'ecologia della partecipazione*, Amaltea, Melpignano (Lecce).
Commissione Reale per il Dopoguerra (1920), *Studi e proposte della prima sottocommissione*, Tipografia Artigianelli, Roma.
Consiglio Nazionale dell'Economia e del Lavoro (CNEL) (1963a), *Relazione preliminare sulla riforma*, Roma.
Consiglio Nazionale dell'Economia e del Lavoro (CNEL) (1963b), *Osservazioni e proposte sulla riforma della previdenza sociale*, Roma.
Dahrendorf R. (1971), *Classi e conflitto di classe nella società industriale*, Laterza, Roma-Bari.
Dalle Fratte G. (1995), *L'agire educativo: ragioni, contesti e teorie*, Armando, Roma.
Dellavalle M., Tassinari A. (1999), *Scuole di servizio sociale e servizi: una collaborazione feconda*, in "La Rivista di Servizio Sociale", n. 4.
Dewey J., *Democracy and Education (1910)*, trad. it. E. Enriquez Agnoletti e P. Paudano (1992), *Democrazia e educazione*, La Nuova Italia, Firenze.
Diamanti I. (2014), *Democrazia ibrida*, Laterza, Roma-Bari.
Diomede Canevini M. (2005), *Storia del servizio sociale*, in M. Dal Pra Ponticelli (a cura di), *Dizionario di Servizio Sociale*, Carocci, Roma.
Donati P. (2003), *Famiglia e capitale sociale nella società italiana*, Edizioni San Paolo, Cinisello Balsamo.
Donati P. (1991), *Secondo rapporto sulla famiglia in Italia*, Edizioni Paoline, Milano.
Donati P. (2000), *La cittadinanza societaria*, Laterza, Roma-Bari.
Donati P. (1985), *Le frontiere della politica sociale*, FrancoAngeli, Milano.
Donati P. (1997), *Le generazioni in un'ottica relazionale*, in G. Lazzaroni, A. Cugno (a cura di), *Risorse e generazioni*, FrancoAngeli, Milano.
Donati P., Piancastelli F. (2003), *L'equità fra le generazioni: un dibattito internazionale*, in "Sociologia e Politiche Sociali", 1.

Donati P. (2006), *Politiche sociali e solidarietà fra le generazioni: il contributo della sociologia relazionale*, in A. Fadda, A. Merler (a cura di), *Politiche sociali e cultura dei servizi*, FrancoAngeli, Milano.
Donati P. (1984), *Risposte alla crisi dello Stato sociale. Le nuove politiche sociali in prospettiva sociologica*, FrancoAngeli, Milano.
Donati P. (2003), *Sociologia delle politiche familiari*, Carocci, Roma.
Donati P. (1997), *Una generazione di cercatori: con quali speranze?*, in P. Donati, I. Colozzi (a cura di), *Giovani e generazioni. Quando si cresce in una società eticamente neutra*, il Mulino, Bologna.
Donati P., Sgritta G.B. (1992), *Cittadinanza e nuove politiche sociali*, FrancoAngeli, Milano.
Durkheim É. (1996), *Il dualismo della natura umana e le sue condizioni sociali*, in É. Durkheim, *La scienza sociale e l'azione*, il Saggiatore, Milano.
Eleison N., Pearson C. (1998), *Development in British Social Policy*, MacMillan Press, Basingstoke.
Elia G. (2014), *A scuola di cittadinanza. Costruire saperi e valori etico-civili*, Progedit, Bari.
Elia G. (2014), *Il contributo della pedagogia come sapere pratico-progettuale*, in Id. (a cura di), *Le sfide sociali dell'educazione*, FrancoAngeli, Milano.
Elia G. (2015), *La complessità del sapere pedagogico tra tradizione e innovazione*, FrancoAngeli, Milano.
Elia G. (2014), *Le sfide sociali dell'educazione*, FrancoAngeli, Milano.
Elia G. (1983), *P. Freire: una scelta per l'utopia*, Adda, Bari.
Elia G. (2010), *Pedagogia e politica. Convergenze e divergenze disciplinari nella prospettiva di un'educazione alla politica*, in L. Carrera, *Fare o non fare politica*, Guerini, Milano.
Elia G. (2016), *Prospettive di ricerca pedagogica*, Progedit, Bari.
Elia G. (2012), *Questioni di pedagogia speciale*, Progedit, Bari.
Elia G., Rubini A. (2006), *Educazione e Comunicazione*, in G. Elia (a cura di), *Le forme dell'educazione*, Edizioni Giuseppe Laterza, Bari.
Esping-Andersen G. (1990), *Three Worlds of Welfare Capitalism*, Polity Press, Cambridge.
Fabbri L., Munari A. (2006), *L'educazione come negotium ermeneutico*, in M. Tarozzi (a cura di), *Direzioni di senso. Studi in onore di Piero Bertolini*, Clueb, Bologna.
Fabbri L. (1994), *Ricerca pedagogica e pratiche educative. Per una pedagogia come scienza pratica*, Tecnodid, Napoli.
Fadda R. (2002), *I sentieri della formazione: la formatività umana tra azione ed evento*, Armando, Roma.
Ferrario P. (2001), *Politica dei servizi sociali. Strutture, trasformazioni, legislazione*, Carocci, Roma.
Ferrarotti F. (1965), *Servizio sociale ed enti pubblici nella società italiana in trasformazione*, Armando, Roma.

Ferrera M., Hemerijck A. (2003), *Recalibrating Europe's Welfare Regimes*, in J. Zeitlin, D.M. Trubek, *Governing Work and Welfare in the New Economy. European and American Experiment*, Oxford University Press, Oxford.
Ferrera M., Hemerijck A., Rhodes M. (2000), *The Future of Social Europe: Recasting Work and Welfare in the New Economy*, Celta Editora, Oeiras.
Ferrera M. (1996), *Il modello Sud-europeo del welfare state*, in "Rivista Italiana di Scienza Politica", 1.
Ferrera M. (2006), *Le politiche sociali*, il Mulino, Bologna.
Ferrera M. (1998), *Le trappole del welfare*, il Mulino, Bologna.
Ferrera M. (1993), *Modelli di solidarietà. Politica e riforme sociali nelle democrazie*, il Mulino, Bologna.
Florea A. (1966), *L'assistente sociale: analisi di una professione*, Istiss, Roma.
Flores d'Arcais G. (1994), *Pedagogie Personalistiche e/o Pedagogia della Persona*, La Scuola, Brescia.
Flores d'Arcais G. (1941), *Il magistero come responsabilità*, in "Rassegna di Pedagogia", n. 1.
Flores d'Arcais G. (1987), *Le ragioni di una teoria personalistica della educazione*, La Scuola, Brescia.
Flores d'Arcais G. (1989), *Orizzonti della pedagogia*, Giardini Editori e Stampatori, Pisa.
Flores d'Arcais G. (1992), *Pedagogia*, in Id. (a cura di), *Nuovo Dizionario di Pedagogia*, Edizioni Paoline, Cinisello Balsamo.
Flores d'Arcais G. (1994), *Personalismo pedagogico o pedagogia della persona?*, in Id. (a cura di), *Pedagogie personalistiche e/o pedagogia della persona*, La Scuola, Brescia.
Fondazione Emanuela Zancan (2014), *Welfare generativo. Responsabilizzare, rendere, rigenerare*, il Mulino, Bologna.
Fraser D. (2002), *The Evolution of the British Welfare*, MacMillan, London.
Freire P. (1979), *Pedagogia in Cammino*, trad. it. L. Bimbi, Arnoldo Mondadori, Milano.
Fromm E. (1999), *Avere o essere?*, Mondadori, Milano.
Galli N. (2001), *Il coraggio di crescere in una società 'eticamente neutra'*, in "Pedagogia e Vita", n. 2.
Gariazzo G. (1999), *L'esordio del servizio sociale in Italia tra sollecitazioni americane ed esigenze nazionali*, in "La Rivista del Servizio Sociale", 4.
Girotti M. (1998), *Welfare state: storia, modelli e critica*, Carocci, Roma.
Gorz A. (1992), *Metamorfosi del lavoro. Critica della ragione economica*, Bollati Boringhieri, Torino.
Grandi R., Vaccari C. (2007), *Elementi di comunicazione politica. Marketing elettorale e strumenti per la cittadinanza*, Carocci, Roma.
Grigoletti Butturini P. (1980), *Quadro istituzionale e lavoro degli operatori sociali: evoluzione storica ed interrelazioni*, in L. Bernardi, *Composizione e organizzazione*

del lavoro sociale. Scuole di Servizio Sociale di Venezia e Verona, Montorio, Verona.
Habermas J. (1986), *Teoria dell'agire comunicativo*, il Mulino, Bologna.
Heidegger M. (1981), *Kant e il problema della metafisica*, Laterza, Roma-Bari.
Hemerijck A. (2008), *L'imperativo del developmental welfare in Europa*, in "La Rivista delle Politiche Sociali", n. 1.
Hill M. (1999), *Le politiche sociali. Un'analisi comparata*, il Mulino-Prentice Hall International, Bologna.
Husserl E. (2008), *Idee per una fenomenologia pura e per una filosofia fenomenologica*, Mondadori, Milano.
Johnes K. (2000), *The Making of Social Policy in Britain: From the Poor Law to the New Labour*, Athlon Press, London.
Jonas H. (1990), *Il principio di responsabilità. Un'etica per la civiltà tecnologica*, trad. it. P.P. Portinaro, Einaudi, Torino.
Kettunen P., Petersen K. (2011), *Beyond Welfare State Models: Transnational Historical Perspectives on Social Policy*, Edward Elgar Publishing, Cheltenham Northampton.
Lasch C. (1985), *L'io minimo. La mentalità della sopravvivenza in un'epoca di turbamenti*, Feltrinelli, Milano.
Legge 23 dicembre 1978, n. 833, *Istituzione del servizio sanitario nazionale.*
Lévinas E. (1980), *Totalità e infinito. Saggio sull'esteriorità*, Jaca Book, Milano.
LIII Convegno di Scholé (2015), *L'educazione nella crisi del Welfare State*, La Scuola, Brescia.
Linee guida regionali sulle adozioni nazionali ed internazionali in attuazione del Piano regionale per il sostegno al percorso di adozione nazionale ed internazionale dei minori, pubblicate sul B.U.R.P. n. 58 del 30-04-2013.
Lowe R. (1999), *The Welfare State in Britain since 1945*, Macmillan, Basingstoke.
Löwith K. (1985), *Nietzsche e l'eterno ritorno*, Laterza, Roma-Bari.
M. Minesso (2015), *Welfare donne e giovani in Italia e in Europa nei secoli XIX-XX*, FrancoAngeli, Milano.
Mann M. (1987), *Ruling-class strategies and citizenship*, in "Sociology", n. 21.
Marshall T.H. (1964), *Class, Citizenship and Social Development*, Doubleday, New York.
Martinelli F. (1965), *Gli assistenti sociali nella società italiana*, Istiss, Roma.
Marx K. (1970), *Le lotte di classe in Francia dal 1848 al 1850*, Editori Riuniti, Roma.
Mingione E., Pugliese E. (2002), *Il lavoro*, Carocci, Roma.
Morlino L. (2014), *Democrazia e mutamenti. Attori, strutture, processi*, Luiss University Press, Roma.
Mounier E. (1952), *Il personalismo*, Garzanti, Milano.
Moyon S. (2010), *The Last Utopia: Human Right in History*, Harvard University Press, Cambridge (MA).
Naldini M. (2002), *Le politiche sociali e la famiglia nei paesi mediterranei. Quale prospettiva per un'analisi comparata?*, in "Stato e Mercato", n. 1.

Naldini M. (2006), *Le politiche sociali in Europa. Trasformazione di bisogni e risposte di policy*, Carocci, Roma.
Naldini M. (2003), *The Family in the Mediterranean Welfare State*, Frank Cass, London-Portland.
Neve E. (2003), *Il servizio sociale. Fondamenti e cultura di una professione*, Carocci, Roma.
Papa Francesco (2013), *Esortazione apostolica – Evangelii Gaudium*, Libreria Editrice Vaticana, Città del Vaticano.
Paparella N. (2009), *Il progetto educativo*, Armando, Roma.
Pariotti E. (2001), *Multiculturalismo, globalizzazione e universalità dei diritti umani*, in "Ragion pratica", n. 9.
Pati L. (2007), *Pedagogia Sociale. Temi e problemi*, La Scuola, Brescia.
Pati L. (2004), *Progettare la vita. Itinerari di educazione al matrimonio e alla famiglia*, La Scuola, Brescia.
Pati L., Prenna L. (2008), *Ripensare l'autorità. Riflessioni pedagogiche e proposte educative*, Guerini, Milano.
Pavan A. (2003), *Dire persona nell'età globale dei diritti umani*, in A. Pavan (a cura di), *Dire persona. Luoghi critici e saggi di applicazione di un'idea*, il Mulino, Bologna.
Pazzaglia L. (2003), *L'educazione alla cittadinanza democratica tra identità ed ethos condiviso*, in A. Erbetta (a cura di), *Senso della politica e fatica di pensare*, Clueb, Bologna.
Pellerey M. (1999), *Educare. Manuale di pedagogia come scienza pratico-progettuale*, LAS, Roma.
Perrenoud Ph. (2015), *Mestiere di alunno e senso del lavoro scolastico*, ed. it. a cura di V. Cafagna, Cafagna Editore, Barletta.
Pesenti L. (2005), *Federalismo e sussidiarietà: un nesso necessario?*, in P. Donati, I. Colozzi, *La sussidiarietà. Che cos'è e come funziona*, Carocci, Roma.
Petrucciani S. (2014), *Democrazia*, Einaudi, Torino.
Piccinno M. (2008), *Persona e soggetto nei processi educativi*, in "Prospettiva EP", anno XXXI, n. 1-2 gennaio/agosto.
Piccinno M. (2003), *Persona e soggetto: aspetti epistemologici*, in "Prospettiva EP", anno XXVI, n. 1 gennaio/marzo.
Piccino M. (2004), *La comunicazione educativa nella famiglia. I genitori di fronte ai figli adolescenti*, Armando, Roma.
Piketty T. (2014), *Il capitale nel ventunesimo secolo*, trad. it., Bompiani, Milano.
Putnam R. (1993), *La tradizione civica nelle regioni italiane*, Mondadori, Milano.
Ranci C., Pavolini E. (2015), *Le politiche di welfare*, il Mulino, Bologna.
Ricoeur P. (1995), *Le juste*, Éditions Esprit, Paris.
Ricoeur P. (1998), *Passato, Memoria, Oblio*, in L. Ruggiu (a cura di), *Filosofia del tempo*, Mondadori, Milano.
Ricoeur P. (2005), *Percorsi del riconoscimento*, Raffaello Cortina Editore, Milano.
Ricoeur P. (2005), *Sé come un altro*, Jaca Book, Milano.

Riforma Ospedaliera del 1968, la cosiddetta Legge Mariotti (Legge 132/1968).
Rossi B. (2014), *Il lavoro educativo. Dieci virtù professionali*, Vita e Pensiero, Milano.
Rossi B. (1992), *Intersoggettività e educazione. Dalla comunicazione interpersonale alla relazione educativa*, La Scuola, Brescia.
Rossi B. (1999), *Tempo e progetto. Saggio sull'educazione al futuro*, La Scuola, Brescia.
Rubini A. (2010), *Pedagogia e Politica*, Guerini Scientifica, Milano.
Russell B. (1988), *Una nuova prospettiva etica*, in "Il corriere Unesco", luglio.
Salvati M. (1992), *Il regime e gli impiegati. Nazionalizzazione piccolo-borghese negli anni del fascismo*, Laterza, Roma-Bari.
Santelli Beccegato L. (2010), *Diritti umani ed educazione alla politica in tempi di globalizzazione*, in L. Carrera (a cura di), *Fare o non fare politica*, Guerini, Milano.
Santelli Beccegato L. (2009), *Educare non è una cosa semplice. Considerazioni e proposte neo-personalistiche*, La Scuola, Brescia.
Santelli Beccegato L. (2006), *Educazione alla politica nelle società complesse. Considerazioni neo-personalistiche*, in M. Tarozzi (a cura di), *Direzioni di senso. Studi in onore di Piero Bertolini*, Clueb, Bologna.
Santelli Beccegato L. (1998), *Interpretazioni pedagogiche e scelte educative*, La Scuola, Brescia.
Saraceno C. (2013), *Il welfare*, il Mulino, Bologna.
Scardicchio A.C. (2011), *Adulti in gioco: progettazioni formative tra caos, narrazione e movimento*, Stilo, Bari.
Scottish Executive (2007), *Better Health, Better Care. A Discussion Document*, The Stationery Office, Edinburgh.
Sibilla M. (2006), *Le politiche sociali nel dibattito teorico contemporaneo*, in "Politiche Sociali e Servizi", 2.
Simmel G. (1998), *Sociologia*, Edizioni di Comunità, Torino.
Spadafora G. (2004), *Ancora sull'identità della pedagogia*, in L. Santelli Beccegato, F. Cambi (a cura di), *Modelli di formazione. La rete teorica del Novecento pedagogico*, UTET, Torino.
Sthein E. (1992), *L'empatia*, FrancoAngeli, Milano.
Taylor C. (1993), *Multiculturalismo. La politica del riconoscimento*, Anabasi, Milano.
Tramma S. (2016), *L'educatore imperfetto. Senso e complessità del lavoro educativo*, Carocci Faber, Roma.
Urbinati N. (2014), *Democrazia sfigurata. Il popolo fra opinione e verità*, Egea, Milano.
Viganò R. (1991), *Psicologia ed educazione*, in L. Kohlberg, *Un'etica per la società complessa*, Vita e Pensiero, Milano.
Vigna C. (1999), *Sulla dignità della vita umana*, in P. Cattorini, E. D'Orazio, V. Pocar, *Bioetiche in dialogo*, Zadig, Milano.
Voce *Clientelismo*, in *Grande Enciclopedia De Agostini*, Istituto Geografico De Agostini, Novara 1992, vol. VI.

Sitografia

Banca Centrale Europea, *Bolletino mensile*, <www.ecb.europa.eu>, 2013, 2014, 2015, 2016.

Costituzione Italiana, Parte prima – Diritti e Doveri dei Cittadini, Titolo III – Rapporti Economici, art. 38, comma 1, <http://www.governo.it/Governo/Costituzione/1_titolo3.html>.

Costituzione Italiana, Principi Fondamentali, art. 3, comma 2, <http://www.governo.it/Governo/Costituzione/principi.html>.

<http://www.camera.it/_bicamerali/infanzia/leggi/l176.htm>.

<http://www.camera.it/parlam/leggi/00328l.htm>.

<http://www.camera.it/parlam/leggi/97285l.htm>.

<http://www.regione.puglia.it/index.php?anno=xxxvii&page=burp&opz=getfile&file=1.htm&num=87>.

Legge 6972/1890, *Norme sulle istituzioni pubbliche di assistenza e beneficenza*, <http://www.vita.it/politica/leggi-norme/l-6972-1890.html>.

Legge 8 novembre 2000, n. 328, *Legge quadro per la realizzazione del sistema integrato di interventi e servizi sociali*, Capo I, art. 1, comma 1, <http://www.parlamento.it/parlam/leggi/00328l.htm>.

Legge Regionale n. 19/2006, *Disciplina del sistema integrato dei servizi sociali per la dignità e il benessere delle donne e degli uomini in Puglia*, B.U.R. n. 87 del 12 luglio 2006, consultabile su <http://www.regione.puglia.it/web/packages/progetti/pugliasociale/lr_n19_2006_testo_raccordato_feb2010.pdf>.

Redattore Sociale, *Social Card «Così è soltanto elemosina»*, <www.redattoresociale.it>, 6 agosto 2014.

Sentenza n. 396 della Corte Costituzionale, 7 aprile 1988, <http://www.gazzettaufficiale.it/atto/corte_costituzionale/caricaDettaglioAtto/originario;jsessionid=5j4GfcAK-ttMrv7lm5sCxg__.ntc-as1-guri2a?atto.dataPubblicazioneGazzetta=1988-04-13&atto.codiceRedazionale=088C0538>.

INDICE